ADDICTED TO WAR

전쟁중독

미국이 군사주의를 차버리지 못하는 진정한 이유

조엘 안드레아스 지음 | 평화네트워크 옮김

Why the U.S. Can't Kick Militarism

an illustrated exposé by Joel Andreas

창해

제가 이 책을 처음 쓴 때는 1992년으로, 미국과 이라크의 전쟁 직후였습니다. 당시 미국 언론은 전쟁을 찬양하는 역할로 전락했습니다. 이를 보고 저는 미국이 해외에서 벌이고 있는 전쟁에 대한 정확한 진실을 접하지 못한 많은 미국인들에게, 미국 정부와 언론이 유포하는 정보와는 다른 종류의 정보를 제공해야겠다는 의무감을 갖게 됐습니다. 2001년에 프랭크 도넬 씨는 저에게 이 책의 개정판을 내자고 제안했습니다. 그때 우리는 앞으로 어떤 일이 벌어질지 몰랐습니다. 큰 변화는 없을 것이라 생각하고 이 책을 손보기 시작했을 때 9 · 11 테러가 발생했습니다. 그리고 이 사건은 부시와 체니에게 끊임없는 전쟁을 합리화하는 '테러와의 전쟁'을 선포할 수 있는 기회를 제공했습니다. 현정부 하에서 미국의 만성적인 전쟁중독은 새로운 수준의 강도에 도달하고 있습니다. 지금도 미국은 이라크와의 전쟁에 박차를 가하고 있습니다. '테러리즘과 대량살상무기 확산에 대한 전쟁'이라는 빈약하기만 한 미사여구 뒤에는 진정한 전쟁의 의도가 숨어 있습니다. 그것은 중동의 중심부에 미국의 허수아비 정권을 세우고, 세계에서 두 번째로 석유매장량이 많은 나라에 대한 통제권을 확보하고자 하는 것입니다. 또한 미국의 이라크 침공은 다른 나라들에 대한 한층 강화된 억압적인 위협의 본보기로써, 참혹한 죽음과 이라크 국민들의 대량살상을 야기하려는 의도도 숨겨져 있습니다.

한반도는 미국의 호전성으로 인해 계속 심각한 위험에 직면하고 있습니다. 반세기 전 미국은 1백만 명이 넘는 민간인이 학살당한 한국전쟁에 개입한 바 있고, 수만 명의 미군이 아직도 한국에 주둔하고 있는 상황입니다. 더욱이 미국은 자신의 목적을 위해 한반도에서의 긴장을 계속 악화시키고 있습니다. 최근에는 조지 W. 부시 대통령이 북한을 이라크, 이란과 함께 '악의 축'으로 규정함으로써 또 다른 전쟁의 목표물로 삼고 있음을 분명히 드러냈습니다. 이러한 미국의 위협은 북한의 핵 프로그램과 맞물려 위기상황을 만들어내고 있습니다. 다행히도 아직까지는 미국의 호전적인 의도가 미국의 동맹국인 한국과 일본에 의해 억제되고 있지요.

『전쟁중독』은 미국인 독자들을 위해 씌어진 것입니다. 그러나 한국인들 역시 이 책을 읽어야 할 이유가 있습니다. 미국 외의 다른 나라에도 너무나 많은 사람들이 있기 때문입니다. 그리고 대부분의 사람들이 이 책에서 상세하게 다뤄지고 있는 미국의 피비린내 나는 치욕적인 역사에 대해 배울 기회가 거의 없었기 때문입니다. 이 책은 또한 전쟁에 중독된 미국이 미국의 보통사람들을 얼마나 고통스럽게 하는지 잘 보여주고 있습니다. 비록 그로 인해 일부 미국인들이 거대한 부를 챙기게 되더라도 말입니다. 한국을 비롯해 많은 나라에서는 미국을 전쟁중독에 순종적이고 이에 부역하는 인구를 가진 '거대한 하나의 깡패'처럼 보고 있을 것이라고 생각합니다. 그러나 우리 미국인들 역시 군사주의에 저항해온 강력한 전통이 있습니다. 그리고 이 전통은 오늘날 반전운동으로 부활하고 있습니다. 이 책은 미국 정부의 군사주의자들의 손을 묶어두기 위한 미국인들의 노력의 한 부분을 담고 있고, 이것이 여러분들과 공유될 수 있기를 바랍니다. 부디 이 책의 한국어판 출간이 양국 국민들의 반전 평화를 위한 연대를 촉진하는 데 도움이 되었으면 합니다.

2003년 2월 미국 LA에서
조엘 안드레아스

미국을 알아야 평화가 보인다

정욱식(평화네트워크 대표)

내가 『전쟁중독』이라는 책을 처음 접한 것은 2002년 5월 중순 미국 버클리에서 열린 국제 평화대회에 참석했을 때였다. 당시 미국 평화운동가로부터 이 책을 선물받고는 '운동권 소 책자' 정도로 생각하고 보는 둥 마는 둥 했던 기억이 난다. 그러나 이 책이 미국과 일본에서 선풍적인 인기를 끌고 있다는 소식을 듣고 책을 다시 펼쳤을 때, 아차(!) 하지 않을 수 없었 다. 미국의 군사주의에 대해서 이렇게 알기 쉽게 설명한 책도 없을 듯했기 때문이다. 그리고 최근 다시 개정된 2003년판을 창해 출판사를 통해 우리나라에도 소개할 수 있게 된 것을 무 척이나 다행스럽게 생각한다. 일반 사람들도 부담 없이 미국의 본질을 이해할 수 있는 책을 만나게 된 것이다.

이 책은 또한 우리에게 평범하면서도 중요한 가르침을 주고 있다. 미국의 군사패권주의의 피해자가 미국 '밖'에만 있는 것이 아니라 미국 '안'에도 있다는 것을 보여주면서, 군사주의 에 맞설 국경을 넘어선 연대의 필요성을 일깨워주고 있는 것이다. 이는 "정부는 '국익'의 관 점에서 움직인다"는 익숙한 가정을 다시 생각하게 만든다. 일반적으로 정부 정책 결정 및 집 행에 대한 더 정확한 가정은 "정부는 일반의 이익과 정권 및 정권을 뒷받침하는 특수집단의 이익을 끊임없이 조정하면서 움직인다"는 것이 될 것이고, 특수집단과 정권의 유착관계가 강 할수록 정부는 소수의 이익을 국익으로 포장해 행동하기 마련이라는 것이다. 특히 민주적인 통제가 힘든 외교안보 영역에서 이러한 경향은 더욱 두드러지게 나타나고 있다. 군산복합체 및 석유재벌과 결탁해 끝없는 전쟁과 군비증강을 추구하고 있는 부시 정권은 이를 여실히 보 여주고 있다.

오늘날 미국을 이해하기 위해서는 네 개의 키워드를 새겨둘 필요가 있다. 기독교 원리주의 와 군사주의, 그리고 미국 우월주의와 미국 예외주의가 그것이다. 부시 대통령의 화법에서 잘 드러나고 있듯이, 오늘날 미국 정부는 세계를 철저하게 선과 악의 이분법적 대결구조로 보면서, "악을 제거하라"는 신의 명령을 받은 미국과 미국을 따르는 나라는 선이요, 나머지 는 악이라는 극단적인 세계관을 갖고 있다. 민주주의의 가장 기본적인 원칙이 정치와 종교의 분리에 있다는 평범한 진리조차도, 오늘날 선진민주주의 국가라는 미국에서는 받아들여지지 않고 있는 것이다. 정치와 종교를 동일시하는 부시 대통령의 통치철학이 오늘날 미국 민주주 의의 가장 큰 위협이라는 비판이 제기되는 것도 이 때문이다.

그러나 오늘날 부시 정권의 기독교 원리주의적 세계관이 '도덕적 기준'에 따른 것이라고 보면 큰 오산이다. 부시 대통령은 그 유명한 '악의 축' 발언을 비롯해 틈만 나면 '주민들을 굶겨 죽이면서 대량살상무기를 만들고, 이를 다른 나라와 테러집단에게 확산시키는 정권'에 대해 도덕적인 증오와 극단적인 적대관을 피력해왔다. 이에 따라 김정일 정권과 후세인 정권은 최우선적인 '정권교체(regime change)'의 대상으로 거론되어 왔다. 이들과 도저히 같은 하늘 아래에서 살 수 없다는 부시 대통령은, 그러나 북한, 이라크에 못지않은, 때로는 더욱 심각한 도덕적 결함을 갖고 있는 나라들을 정권교체가 아닌 '정권지원'의 대상으로 삼아왔다. 핵무기를 비롯한 대량살상무기의 실질적인 확산의 주범으로 일컬어지는 파키스탄 정권, 테러국가에서 둘째가라면 서러워할 이스라엘 정권, 이라크 정권 못지않게 쿠르드족을 억압하고 있는 터키 정권 등은 역설적으로 오늘날 미국의 가장 강력한 동맹국들이다. 부시 정권이 신에게 부여받았다는 선악의 구분 잣대가 실은 부시 정권 스스로 만들어낸 것이라는 점을 잘 보여주고 있는 것이다.

이러한 자의적인 선과 악의 대결구도를 부추기고, 그 부정적인 영향을 극대화시키고 있는 근본적인 이유는 부시 대통령 개인의 종교적 세계관이 역사상 가장 잘 준비된 군사주의와 만났기 때문이다. 오늘날 미국의 외교안보정책을 결정하는 핵심적인 인물들을 보면, 그야말로 '군사주의의 드림팀'이라고 해도 과언이 아니다. 아버지 부시 대통령 때 국방장관을 지낸 바 있고 아내와 함께 군수산업체를 두루 거친 딕 체니 부통령은 부시 정권의 대외정책을 결정하는 막후 실세로, 미국 역사상 가장 강력한 부통령으로 평가받고 있다. '테러와의 전쟁'을 진두지휘하고 있는 도널드 럼스펠드 국방장관은 미국 정부의 '섹스 심벌'이라고 할 수 있다. 탁월한 말재주와 유머 감각을 소유한 럼스펠드는 이미 1970년대에 국방장관을 지낸 인물로, 전 세계적인 반발을 사고 있는 미사일방어체제(MD)와 우주의 군사적 선점계획을 오래 전부터 준비해왔다. 이 밖에도 아버지 부시 때 국방부 차관을 지내면서 선제공격과 군사패권주의를 오래 전부터 주창해온 폴 월포위츠 국방부 부장관, 미일동맹 강화론의 선봉장인 리처드 아미티지 국무부 부장관, 협상보다는 군사력으로 북한과 이라크를 상대해야 한다고 주장해온 콘돌리자 라이스 백악관 안보보좌관 등도 오늘날 미국의 군사주의를 이끌어오고 있는 인물들이다.

이들은 클린턴 행정부 때를 잃어버린 8년으로 인식하면서 탈냉전 이후 미국의 군사패권주의 추구 방향을 부시 정권의 출범 전부터 가다듬어 왔고, 부시 대통령이 당선되자 자신들이 꿈꿔온 미국과 세계를 만들기 위해 동분서주하고 있다. 그리고 스스로 외교안보 문제를 판단할 수 있는 능력이 부족한 부시 대통령 주위로 병풍을 치고는, 부시의 종교적 세계관을 실현할 수 있는 유일한 방법은 군사력에 있다는 점을 주입시키고 있는 것이다. 이러한 기독교 원리주의와 군사주의의 만남을 통해 미국의 매파들은 '꿈의 향연'을 벌이고 있지만, 세계와 미국의 시민들에게는 그야말로 '악몽'과도 같은 현실이 만들어지고 있는 것이다.

또 한 가지 최악의 만남은 미국 우월주의와 미국 예외주의의 만남이다. 우월주의와 예외주의는 동전의 앞뒤와도 같은 것으로, "미국은 우월하기 때문에 예외일 수 있다"는 것이다. 미국은 민주주의와 인권, 시장경제에 있어서 다른 나라의 모범이자 다른 나라들이 마땅히 따라야 할 이상이기 때문에 미국식 체제가 가장 우월하고, 이러한 미국을 보호하고 미국식 체제를 세계화하기 위해서는 국제사회의 규범으로부터 미국이 제한받아서는 안 된다는 것이다.

이러한 인식을 바탕으로 부시 정권은 미국 스스로 공들여 만들어온 각종 국제조약과 규범을 송두리째 무너뜨리고 있다. MD 구축에 제한을 둔 ABM 조약의 탈퇴, 생물무기금지협약 (BWC) 검증의정서 채택 거부, 포괄핵실험금지조약(CTBT) 인준 거부, 기후협약 거부, 국제사법재판소(ICC)에서의 미국 예외주의 관철, 북한·이란·이라크 등 비핵국가에 대한 핵공격 계획 및 신세대 핵무기 개발 추진 등 불과 2년 동안 보여온 부시 정권의 국제규범 무시는 오늘날 대량살상무기 확산 억제를 비롯한 국제평화에 가장 큰 위협이 되고 있다. 국제체제의 가장 기본적인 명제가 '주권의 제한'에 있다는 상식조차도 오늘날 부시 정권 하의 미국에서는 설자리가 없는 것이다.

기독교 원리주의와 군사주의의 만남에 의한 '군사패권주의'와 미국 우월주의와 예외주의의 만남에 의한 '일방주의'는 제국주의적 속성을 가질 수밖에 없다. 그리고 이러한 부시 정권의 제국주의적 세계전략의 채택에 대해 흔히 9·11 테러를 많이 언급한다. 미국은 물론 국제사회에서 '9·11 이후'라는 신조어가 널리 사용되는 것도 미국과 세계의 관계가 9·11 이후 확연히 달라졌다는 의미를 내포하고 있다. 여기에는 미국이 공격적인 성격의 안보전략을 채택하는 데 9·11 테러가 그만큼 중요한 영향을 미쳤다는 인식도 깔려 있다. 그러나 과연 그럴까? 반사실적 가정을 통해, 만약 9·11 테러가 없었다면 오늘날의 미국과 세계는 확연히 다른 모습을 보이고 있을까? 부질없는 질문처럼 보일 수 있으나, 오늘날의 미국과 미국을 통치하고 있는 부시 정권의 본질을 이해하기 위해서는 던져봄직한 질문이기도 하다.

미국이 세계를 보는 눈과 세계를 대하는 태도를 가장 잘 보여주는 것은 안보전략이다. 따라서 9·11 테러와 미국의 변화를 얘기할 때, 부시 정권의 세계관과 이를 반영한 안보전략을 9·11 이전과 비교해보는 것은 오늘날의 미국을 이해하는 데 대단히 중요한 의미를 갖는다. 그리고 부시 정권의 핵심적인 외교안보 수뇌들의 궤적을 추적해보면, 부시 정권의 공격적인 안보전략은 이미 10년 전부터 마련되고 있었다는 것을 알 수 있다.

9·11 테러 1년 후에 발표된 부시 정권의 국가안보 전략보고서를 면밀히 분석해보면, 부시 정권의 새로운 국가안보 전략은 '테러와의 전쟁'과는 상당 부분 무관하다는 것을 알 수 있다. 즉, '테러와의 전쟁'을 위한 군사적 계획보다는 미국의 군사적 헤게모니를 영구화시킬 군비증강과 정책이 담겨 있는 것이다. 결국 부시 행정부의 외교안보 정책의 요체는 '테러와의 전쟁'이라는 외피를 쓰고 군사적 헤게모니를 강화하는 데 있다고 해도 과언이 아닌 것이다. 따라서 부시 행정부의 안보전략이 9·11 테러 때문에 강경해졌다는 것은 잘못된 인식이다. 9·11 테러가 공격적이고도 위험한, 그리고 패권 추구를 공식화한 안보전략에 미친 영향은, 부시 행정부가 9·11 테러를 자신의 독트린을 합리화하는 데 이용함으로써 미국 내의 비판여론을 잠재우고 있다는 점에 있다. 과거에 운동권이나 진보적 지식인들이나 쓸 법한 표현들이 오늘날에는 미국 언론은 물론이고 미국 정부 관계자들조차 쓰고 있다는 사실은 미국 세계관의 경직성과 비판정신의 쇠퇴를 잘 보여주고 있다. '일방주의' '패권주의' '군사적 패권' '제국주의' 등은 이제 더 이상 미국을 비판하는 단어가 아닌, 부시 정권의 상당수 관리들이 즐겨 쓰는 표현이 된 것이다.

이러한 미국의 안보전략은 기본적으로 인류공동체에서 평화와 번영의 계기를 찾고 이를 발전시켜 나가려는 의지보다는, 세계가 마치 전갈로 가득한 정글과도 같다는 적대적인 세계관에 기초하고 있다. 또한 비군사적 수단을 통해 예상되는 갈등관계를 평화적으로 풀려는 의지와 비전을 제시하기보다는 압도적인 힘의 우위를 통해 자국의 이익과 패권주의를 강화하겠다는 문제점을 드러내고 있다. 기본적으로 지구상의 많은 국가와 민족의 안전과 가치를 희생시키면서 구가해온 미국의 패권주의를 9·11 이후에도 한층 강력하게 추구하겠다는 의지를 내비치고 있는 것이다. 유일 초강대국으로서의 미국을 만들어내고 있는 답답하고도 안타까운 현실이 아닐 수 없다.

이러한 미국의 일방주의와 군사패권주의가 이라크 문제에 대한 접근태도에서 적나라하게 드러나면서 슈퍼파워 부시 정권에 맞선 '또 하나의 슈퍼파워'가 등장하고 있는 것은 주목할 만한 현상이다. "사악한 지도자가 대량살상무기를 갖지 못하게 하겠다"는 얼토당토않은 명분으로 이라크 침공을 강행하려는 부시 정권의 진정한 의도가 중동의 석유 패권 장악과 자신의 강력한 정치적 기반인 군산복합체의 살찌우기에 있다는 주장이 강한 설득력을 얻으면서 사상 최대의 반전운동이 전세계적으로 전개되고 있다. 이들은 후세인 정권에게 생화학무기를 제공했던 당사자가 바로 미국이고, 걸프전 이후 8년 동안 혹독할 정도의 무기사찰 및 해제 작업으로 이라크의 대량살상무기가 대부분 제거되었으며, 이라크가 유엔 무기사찰단 활동에 전적으로 협력하고 있다는 점을 강조하면서, 미국의 이라크 침공을 '더러운 전쟁'으로 규정하고 있다. 또한 "이라크 다음에는 북한이 될 것"이라는 불안감이 확산되면서 한국에서도 반전평화운동이 급속도로 성장하고 있기도 하다.

부시 정권의 제국주의에 맞선 이러한 반전평화운동은 인류사회가 함께 가꾸어 나가야 할 소중한 자산이 아닐 수 없다. 제국주의에 순응하면서 끊임없는 전쟁과 폭력 속에서 불안한 삶을 살아갈 것인지, 반전평화운동에 적극 동참해 미국을 바로 세우고 진정한 평화를 만듦으로써 정의롭게 살아갈 것인지는 우리의 선택에 달려 있다.

ADDICTED TO WAR

미국이 군사주의를 차버리지 못하는 진정한 이유

Contents

일러두기

• 본문에 적힌 숫자는 인용문헌의 번호로, 75~82쪽의 리스트와 일치합니다.
• 본문 가운데 " "가 붙어 있는 문장은 정부인사들의 말을 인용한 것입니다.
• 본문 하단의 설명은 역주(譯註)입니다.

* 연방정부의 예산 총액에서 국채 관련 비용을 뺀 것이다.
*2 부시 정권은 2004년 군사비 예산안으로 3,991억 달러를 책정했다.

미합중국(이하 미국으로 표기)은 사상 최대 규모를 자랑하는 최강의 군대를 갖고 있다. 미국의 군함은 전세계의 바다를 지배하고 있고, 미사일이나 폭격기는 어느 대륙의 표적물이든 마음만 먹으면 공격할 수 있으며, 수십만 명의 미군 병사가 해외에 주둔하고 있다. 미국은 몇 년에 한 번씩 다른 나라에 병사와 군함, 전투기를 보내서 전쟁을 일으킨다. 지구상에서 전쟁을 벌이는 나라는 분명히 적지 않다. 그러나 군대의 규모나 힘, 그리고 툭하면 군사력을 동원하여 문제를 해결하려 한다는 점에서 미국은 예외적인 국가가 아닐 수 없다.

거대한 군사국가 체제를 유지하면서, 세계의 온갖 곳에서 전쟁을 하려면 돈이 매우 많이 든다. 미국 국방부는 해마다 수천억 달러에 이르는 돈을 집어삼키고 있다. 그렇기 때문에 미국 정부가 일반 시민들을 위해 내놓는 돈은 최저한도에 그친다. 사회복지나 교육예산이 최대한 절감된 상태라 서민생활은 매우 황폐해졌다. 이처럼 과대한 군사비 지출이 사회에 주는 압박은 그 어느 나라와도 비교가 안 될 정도로 크다.

또 외국에서 벌이는 전쟁은 미국에 대한 피비린내나는 복수를 낳고 있다. 예를 들어, 2001년 9월 11일 미 국방부와 뉴욕 세계무역센터에서 발생해 수천 명의 생명을 앗아간 동시다발 테러 사건*이 그것이다.

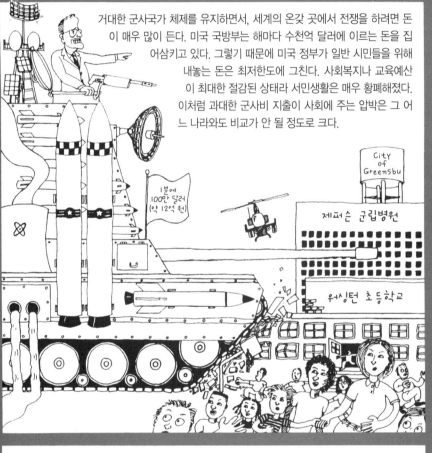

돈이나 다른 무엇으로도 바꿀 수 없는 귀중한 생명이 희생되는데도, 미국 정부는 주저없이 전쟁으로 돌진하고 있어요. 그래서 우리 모두에게 손해를 입히고 있죠!

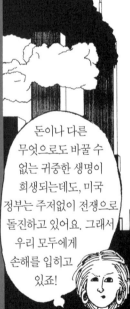

게다가 미국이 외국에서 전쟁을 벌이기 위해 치러야 하는 희생은 돈뿐만이 아니다. 수많은 병사들이 생명을 잃어 다시는 집으로 돌아오지 못하는 것이다.

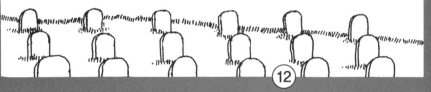

(12)

* 이 사건으로 2,891명(행방불명자 포함)이 사망했다(2002년 8월 19일 뉴욕 시 당국의 발표).

그런데 어째서 미국은 늘 전쟁을 벌이려는 거예요?

그것을 이해하려면 미국의 역사를 알 필요가 있단다.

지금으로부터 2세기 전, 미국은 북아메리카 대륙의 대서양 연안에 있던 13개의 작은 식민지들 집합체에 지나지 않았다. 그러던 것이 지금은 역사상 다른 어떤 제국도 생각해보지 못한 엄청난 힘으로 세계를 지배하고 있다.

하지만 세계 최강이 되기까지의 과정은 결코 평화적이지 못했어요.

열심히 공부해야겠는걸?

제1장 명백한 운명

1776년 조지왕*에 맞서 들고일어난 미국의 혁명가들은 "모든 국가는 자신의 운명을 스스로 결정할 권리가 있다"고 외쳤다.

"지상의 모든 나라들과 모든 사람들은, 지금까지 다른 사람들에게 묶여 있던 자신들의 정치적 사슬을 끊고, 자연의 법과 하나님의 법에 의해 주어진 본래의 독립적이고 대등한 지위를 주장해야 한다."

토머스 제퍼슨, '독립선언' 중에서(1776년)

미국인은 자신들의 운명을 결정할 권리를 쟁취한 다음, 다른 나라 사람들의 운명까지도 자신들이 결정할 수 있다고 생각해 버린 거군요.

독립을 쟁취한 이들 식민지 지도자들은, 자신들이 북아메리카 전역을 지배하도록 신에 의해 선택받았다고 믿었다. 그들은 자신들이 그렇게 선택되었다는 확신을 '명백한 운명'*2이라고 표현하며 정당화하였다.

②

"우리는 대서양에서 태평양까지 행진해야 한다. …그것이 백인의 운명이다."

메릴랜드 주 하원의원 자일스

⑬

* 영국의 왕 조지 3세(재위 1760~1820년). 당시 미국(서해안 연안에 있던 13개의 식민지)은 영국의 식민지였다.
*2 manifest destiny. 기독교도가 신대륙을 정복하고 개척하는 것을 '신이 부여한 명백한 사명'이라고 여기는 생각으로, 18세기 이래 원주민 핍박과 영토 확장을 정당화하는 논리로 사용되었다.

이 '명백한 운명'은 곧바로 아메리카 원주민(인디언)에 대한 대량학살 전쟁으로 이어졌다. 미군은 토지를 무자비하게 빼앗고 저항하는 원주민들을 학살했다.

독립전쟁 후 1세기 동안 원주민은 계속 전쟁에서 패배해 토지를 빼앗겼고, 미국 정부가 인디언 보호구역으로 지정한 유폐지에 강제 수용되었다. 그때의 사망자 수는 추정조차 이루어져 있지 않다. 비극은 죽음으로만 끝나지 않았다. 원주민들은 생활양식까지 짓밟혔다.

③ ④

"이제 노년이라는 언덕에 올라 뒤를 돌아보면, 살해당한 여자와 아이들이 굽이진 계곡을 따라 겹겹이 쌓이고 여기저기 널브러져 있던 그때의 상황이 아직도 생생합니다. 그때 또 다른 뭔가가 피로 물든 진흙탕 속에서 죽었고, 그 뒤 눈보라에 묻혀 버렸지요. 그것은 사람들의 꿈, 아름다운 꿈이었습니다. …우리를 묶어 주었던 그 아름다운 꿈은 산산히 부서지고 말았어요.*"

블랙 엘크
라코타 족의 정신적 지도자이며, 사우스다코타 운디드니 대학살의 생존자.

1848년까지 미국은 멕시코 영토의 반 가까이를 빼앗았다.

와이오밍

미국

네바다 | 유타

캘리포니아

콜로라도 | 켄사스

애리조나

뉴멕시코 | 오클라호마

멕시코에서 빼앗은 영토

텍사스

멕시코

미국 의회는 멕시코에 대한 전쟁을 "앵글로색슨계*2 백인 민주주의의 영광스런 확대"라고 주장하며 정당화했다. 그러나 그 전쟁의 이면에는 다른 동기가 있었다. 노예를 사용하는 남부의 농장 경영자들에게 새로운 토지가 필요했으며, 금광이 그곳에 자리잡고 있었던 것이다.

⑤

재커리 테일러 장군
멕시코전 참전을 거부한 수많은 병사를 처형하라고 명령했다.

⑭

* 《나를 운디드니에 묻어주오 : 미국 인디언 멸망사》, 디 브라운 지음.
*2 미국의 주체인 백인 민족을 가리키는 말.

미국의 영토가 동해안에서 서해안으로 확대되자, '명백한 운명'의 신봉자들은 이번에는 해외로까지 힘이 미치는 대제국을 꿈꾸었다. 당시의 경제적 상황도 이러한 야심을 뒷받침했다. 철도왕으로서 열렬한 영토확장주의자였던 찰스 덴비 대령은 이렇게 말했다.

"미국의 현재 상태를 생각하면 경제적 확대가 절대적으로 필요하다. …생산량이 국내 소비량을 나날이 넘어서고 있다. …새로운 시장을 찾아야 한다. 그래, 세계 최대의 시장을."

⑥

대제국을 지향하는 외침이 워싱턴의 의사당에 메아리쳤다.

"현재의 미국 영토는 너무 좁다. 국가 방위와 경제 발전을 위해 더 넓은 토지가 필요하므로, 당장이라도 다른 영토를 정복해야 한다. 나는 그렇게 확신한다."

⑦

코네티컷 주 상원의원 오빌 플랫, 1894년.

세계적인 권력을 쥐기 위해 미국은 세계 최강의 해군을 만들어냈다. 의욕에 넘친 루스벨트*가 그 책임자 자리에 앉았다.

⑧

"어떤 전쟁이든 대환영이다. 우리에게는 전쟁이 필요하다고 생각한다."

T. 루스벨트, 1897년

그는 드디어 그 말을 실행에 옮겼어요.

다음해 미국은 쿠바, 필리핀 등 몇몇 스페인령 식민지를 빼앗기 위해 스페인에 선전포고를 했다. 그때 이미 스페인은 쿠바와 필리핀 반란군이 독립을 요구하며 들고일어난 상태여서 당장이라도 무너질 상황이었다. 미국 정부는 반란군 측에 서겠다고 선언했고, 스페인은 결국 항복했다. 그러나 미국은 반란군들의 독립전쟁이 끝났는데도 그곳에서 떠날 생각이 없음을 분명히 했다.

⑨

"필리핀은 영원히 우리의 것이다. …게다가 필리핀 바로 건너편에는 중국이라는 무한한 시장이 있다. …태평양은 이제 우리의 바다다."

인디애나 주 상원의원 앨버트 비버리지, 1900년.

비버리지 상원의원에게 태평양은 시작에 불과했다.

"태평양을 제압하는 자가 세계를 제압할 것이다. …그 자리는 지금도, 그리고 앞으로도 영원히 미국이 차지할 것이다."

⑩

⑮

* 시어도어 루스벨트(Theodore Roosevelt). 미국 26대 대통령.

이러한 식민지 침략을 정당화하기 위해 인종차별론이 유포되었는데, 특히 워싱턴*에서 열광적으로 받아들여졌다.

"우리는 세계를 지배할 인종이다. …우리는 세계의 문명화를 담당하라는 사명을 신으로부터 위탁받은 특별한 인종이다. 그러므로 우리는 그 역할을 방기하지 않을 것이다. …신은 우리를 선택하셨다. …야만스럽고 망령든 사람들을 통치하기 위해, (신은 우리를) 통치의 달인으로 만드셨다."

⑪

앨버트 비버리지 상원의원

하지만 필리핀 사람들은 비버리지 상원의원이나 그 일당들과는 전혀 생각이 달랐어요.

필리핀 사람들은 그들이 스페인과 싸웠던 때와 마찬가지로, 이 새로운 침략자에 맞서 싸웠다. 하지만 미국은 군대를 보내 잔혹하기 이를 데 없는 방식으로 필리핀과 그 나라 사람들을 정복했다.

미국 병사에게는 남김없이 태우고 남김없이 죽이라는 명령이 내려졌고, 그것은 실행에 옮겨졌다. 필리핀이 항복할 때까지 60만 명의 필리핀인이 죽어갔다.

⑫

전쟁에서 죽은 필리핀인의 유골 위에 서 있는 미국 병사들.

필리핀, 푸에르토리코, 괌은 1898년에 미국 식민지가 되었다. 쿠바는 공식적으로는 독립국이 되었지만, 미국으로부터 '플랫 수정조항'을 강요받았다. 그 조항에는 미국 해군이 쿠바에 영구적인 해군기지를 둘 수 있고, 미국 해병대는 자유로이 쿠바에 군사 개입할 수 있으며, 미국 정부는 쿠바의 외교 및 경제 정책을 결정할 수 있다는 내용이 담겨 있었다.

⑬

자, 내가 너희들에게 아무것도 안 줬다는 말 따위는 하지 말라구.

독립

플랫 수정조항

* 미국의 수도이자 정치의 중심지. 종종 미국 정부나 그 관계자를 가리킬 때 '워싱턴'이라고 표현한다.

같은 시기 미국은 하와이의 여왕 릴리우오칼라니 왕조를 무너뜨리고, 평화롭고 아름다운 태평양의 섬들을 파인애플 통조림 회사인 돌(Dole)과 델몬트(Del Monte)의 플랜테이션*으로 둘러싸인 미국 해군기지로 바꿔 버렸다. 1903년 당시 미국 대통령이었던 시어도어 루스벨트는 파나마가 콜롬비아로부터 확실하게 분리 독립할 수 있도록 군함을 파견했다. 콜롬비아 정부가 파나마 운하 건설을 위한 루스벨트의 조건을 거부했기 때문이다.

⑭

놈들이 안 팔겠다면 빼앗으면 돼!

그리하여 엉클 샘*3 은 세계 어디에든 해병대를 보내기 시작한 거죠.

미국 해병대는 중국, 러시아, 북아프리카, 멕시코, 중앙아시아, 그리고 카리브해의 나라들을 공격해 들어갔다.

⑮

♫ "몬테즈마의 저택에서 트리폴리의 해안까지"*4 ♫

1918년 러시아를 침공한 미국. 시베리아를 행군하는 군대.

1898년부터 1934년 사이에 미국 해병대는 쿠바를 네 번, 니카라과를 다섯 번, 온두라스를 일곱 번, 도미니카공화국을 네 번, 아이티를 두 번, 과테말라를 한 번, 파나마를 두 번, 멕시코를 세 번, 콜롬비아를 네 번 침략했어요.

⑯

해병대는 수많은 나라에서 점령군으로 주둔했는데, 때로는 수십 년씩 주둔하기도 했다. 해병대가 철수할 때는 대부분 미국에 우호적인 독재자를 내세워 무장시킴으로써 그 나라 국민들을 마음대로 억압할 수 있게 만들었다.

⑰

* 구미 여러 나라가 식민지에 만든 (대규모) 농장. 현지인이 사용인, 작업자로서 혹사당했다.
*2 1823년에 시작된 미국과 유럽의 '상호 불간섭주의' 정책을 의미한다.
*3 Uncle Sam. '샘 아저씨'라는 뜻인데, United States(합중국)의 첫 글자를 따서 미국을 의인화해 이렇게 부르곤 한다.
*4 미국의 어린이라면 누구나 알고 있는 해병대 찬가.
*5 '독재자의 지팡이'를 든 샘 아저씨(미국)가 걷고 있다. 끌고가는 배에는 '빚 징수', 'OO 수령' 등의 글씨가 씌어 있다.

해병대의 뒤를 이어 미국의 기업가들도 대거 그 지역으로 들어갔다. 그들은 물건을 판매하는 데서 그치지 않았다. 농장을 만들고, 유전을 파고, 광산 소유권까지 주장했다. 그리고 노예 수준의 노동조건을 강요하기 위해, 혹은 파업이나 항의, 폭동 등을 진압하기 위해 종종 해병대가 출동하기도 했다.

⑰

스탠더드 오일* 유나이티드 프루트 도미노 설탕 아나콘다 동광업

"미국의 자본가가 유리하고 안전하게 투자할 수 있도록 적극적으로 개입 (할 책임을 나는 받아 들인다)."

⑱

윌리엄 하워드 태프트 대통령, 1910년.

1915년 미군은 농민 반항을 진압하기 위해 아이티를 침공했다. 한 신문기사는 그 당시 상황을 다음과 같이 전하고 있다.

미국 해병대는 무방비 상태인 아이티 마을 상공에서, 비행기로 기관총을 쏘아대며 노친 시장의 남자, 여자, 아이들을 마치 스포츠를 하듯 죽였다.

⑲

⑳ 50,000명의 아이티인이 죽임을 당했다.

이러한 원정 해병대의 가장 유명한 지휘관 중 한 사람으로 스메들리 버틀러 장군이 있다. 그는 은퇴 뒤 자신의 과거를 돌아보며 다음과 같이 말했다.

"나는 33년 4개월 동안 쭉 군대에서 일해왔다. …그리고 그 기간의 대부분을 대기업이나 월가*2나 은행가들의 고급 호위병으로 일했다. 한마디로 말해 자본주의를 위한 협박꾼, 깡패였던 셈이다."

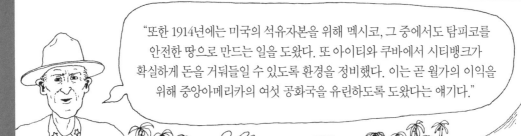

"또한 1914년에는 미국의 석유자본을 위해 멕시코, 그 중에서도 탐피코를 안전한 땅으로 만드는 일을 도왔다. 또 아이티와 쿠바에서 시티뱅크가 확실하게 돈을 거둬들일 수 있도록 환경을 정비했다. 이는 곧 월가의 이익을 위해 중앙아메리카의 여섯 공화국을 유린하도록 도왔다는 얘기다."

(18)

* 록펠러 재벌 산하 초대기업. 엑슨모빌, 셰브론 등의 전신이다.
*2 뉴욕에 있는 금융가 이름. 금융업과 자본주의를 상징한다.

"1902년부터 1912년 사이에는 브라운 브라더스의 국제은행을 위해 니카라과를 공격했고, 1916년에는 설탕을 탐내던 미국 기업을 위해 도미니카공화국 사태를 해결했다. 1903년에는 미국의 열대 농작물 회사들을 위해 온두라스를 제대로 된 나라가 되도록 도왔다. 1927년에는 중국에서도 스탠더드 오일이 방해받지 않고 사업할 수 있도록 도왔다." ㉑

니카라과의 반정부군 '아우구스토 산디노'의 지도자 중 한 사람인 실비노 헤레라의 목을 든 미국 해병대 장교, 1936년.

제1차 세계대전은 세계 도처에 식민지를 갖고 있던 당시의 유럽 여러 나라들이 세계를 어떻게 분할할 것인지를 놓고 벌어진 무서운 전쟁이었다. 윌슨 대통령은 참전을 결정하면서 미국 국민에게 "민주주의를 위해, 세계를 안전하게 지키기 위해" 유럽에 군대를 파견한다고 말했다.

정의와 인권을 위해 우리는 싸워야만 한다.

하지만 윌슨 대통령의 진짜 목적은 미국도 전리품 할당을 제대로 받자는 데 있었어요.

당시 영국 주재 미국 대사는 미국이 독일에 선전포고한 이유를 비교적 분명히 말해주고 있다.

㉒

"(선전포고는) 무역상의 이권을 지키기 위한 유일한 방법이기 때문이다."

W. H. 페이지 대사, 1917년.

그로 인해 130,274명의 미국 병사가 전쟁터에서 죽었다. ㉓

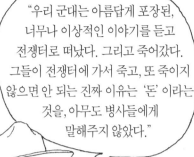

"우리 군대는 아름답게 포장된, 너무나 이상적인 이야기를 듣고 전쟁터로 떠났다. 그리고 죽어갔다. 그들이 전쟁터에 가서 죽고, 또 죽이지 않으면 안 되는 진짜 이유는 '돈'이라는 것을, 아무도 병사들에게 말해주지 않았다." ㉔

스메들리 버틀러 장군, 1934년.

제1차 세계대전은 "모든 전쟁을 끝내기 위한 전쟁"이라고들 했다.

하지만 그렇게 되지 않았어요.

제2차 세계대전이 진행되는 동안 몇백만의 미국 젊은 이들이 독일 파시즘* 및 일본 제국주의와 싸우기 위해 군대에 들어갔다. 그러나 워싱턴에서 작전을 짜고 있던 사람들은 그런 숭고한 목적을 좇은 것이 아니었다.

미국은 대제국이 될 야심을 갖고 있었던 거지.

1940년 10월 독일군은 유럽으로, 일본군은 아시아로 공격해 들어갈 때 미국에서는 일련의 정부 관료들과 기업 및 은행 경영자들이 국무부와 외교위원회에 소집되어 전략을 논의하고 있었다. 그들의 관심사는 대영제국, 동아시아에서 서반구에 이르는 (백인 국가) 미국의 '세력범위'를 어떻게 유지할까 하는 것이었다. 전쟁 준비가 필요하다는 결론을 내린 그들은 계획을 세우기에 이르렀는데…….

㉕

"…미국이 군사적·경제적으로 압도적 우위에 서기 위한 종합정책!"

그래! 그래! 맞아!

물론 그런 일을 공개적으로 드러내지는 않았어요.

만약 전쟁의 목적이 오로지 미국 자본주의를 위한 것처럼 발표되면, 다른 나라 사람들에게는 득이 되지 않는 일임이 만천하에 드러난다. … 따라서 다른 나라 사람들에게 이익이 된다는 걸 강조해야 한다. …그것이 좋은 선전방식일 것이다.

㉖

외교위원회와 국무부 사이의 비밀각서에서, 1941년.

* 극단적인 민족지상주의, 국가주의를 말한다.

무서운 전쟁은 결국 무서운 결말을 초래했다. 미국이 히로시마에 이어 나가사키에 원자폭탄을 투하해 20만 명의 사람들이 순식간에 죽임을 당했다. 그 뒤로도 수만 명에 이르는 사람들이 원자폭탄의 후유증으로 죽어갔다.

⑳

"바라건대 원폭 투하가 신의 고귀한 목적 실현을 위한 위업이기를."

해리 트루먼 대통령, 1945년.
㉘

원폭이 투하되기 전에 이미 일본의 패전은 기정사실로 받아들여지고 있었다. 결국 원폭 투하의 주된 목적*은 미국의 새로운 대량파괴무기의 가공할 만한 살상력을 세계에 보여주는 데 있었던 것이다.
㉙

제2차 세계대전이 끝난 후 미국은 정치적·경제적·군사적으로 우위에 섰다.

"우리는 세계의 선두에 서야 한다. 또한 세계라는 회사의 대주주로서 그 책임을 다해야 한다."

㉚

뉴저지 주에 위치한 스탠더드 오일(지금의 엑슨) 사의 전 회장, 레오 웰치, 1946년.

미국은 '세계라는 회사의 대주주로서' 그 '책임'을 다하는 데 열심이었다. 즉, 미국은 '회사를 구성하는 자회사(다른 나라들)'의 경제정책을 간섭하고 결정하고 관리하려 했다.
그러나 스스로를 독립국가라고 생각하는 다른 나라들은 이러한 미국의 방침을 순순히 받아들이지 않았다.

FUERA YANKIS! *2

㉑

* 미국의 원폭 투하에는 일본전에 참전한 소련군을 견제하기 위한 목적도 있었다.
*2 '양키 고 홈!(미국은 물러가라)' 이라는 뜻의 스페인어. 중남미 나라의 대부분은 스페인어를 공용어로 쓰고 있다.

어라, 이 책에는 그런 끔찍한 내용이 전혀 나와 있지 않네!

그러나 미국은 제2차 세계대전 후 더욱 강해진 소비에트 연방(소련)과 최고 권력의 자리를 놓고 경쟁해야 했다. 세계대전 후 45년 동안 세계는 이들 '양대 초강국'의 영역 다툼에 휩싸여야 했다. 미국은 줄곧 소련보다 훨씬 강한 힘을 지니고 있었다. 하지만 두 나라 모두 자신들의 '세력범위'를 지키고 이것을 더욱 넓히기 위해 거대한 군사력을 유지할 필요가 있었다. 이와 같은 양대국의 충돌을 일컬어 '냉전'이라 불렀다. 왜냐하면 양국 간에 직접적인 전쟁이 일어난 적은 없었기 때문이다. 한편 두 나라가 '냉전'을 벌이는 동안 다른 나라들은 극심한 폭력에 내몰려야 했다. 미국과 소련은 다른 나라들 사이에 충돌이 있을 때마다 서로 적대하는 세력에 가담해서 싸움을 거들었기 때문이다.

제2장
'냉전'과 자칭 '세계 경찰'의 공적

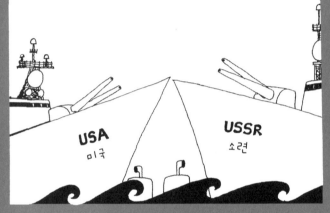

USA 미국

USSR 소련

냉전 시기 동안 미국은 남북 아메리카 대륙이나 태평양 전역에서 그 '세력범위'를 더욱 넓혀갔다. 그 결과 아시아나 아프리카 지역에서 그 이전까지는 영국, 프랑스, 일본의 식민지였던 곳들을 대부분 지배하게 되었다. 그 과정에서 미국의 의도에 동조하지 않는 지역에 대해서는 군사적으로 응징하였다. 냉전 기간 동안 새로운 '대주주(미국)'는 사람들의 불복종이나 반항, 폭동을 누르기 위해 '세계의 경찰'을 자처하였고, 그런 이유로 외국에 대해 200번도 넘게 군사적으로 개입했다.

㉛

이봐! 어디 한번 덤벼봐!

World Cop

이봐, 지금 감히 미국에 대드는 거냐?

22

한반도 1950년~1953년

제2차 세계대전 후 중국에서 말레이시아에 걸쳐 혁명과 반식민지 전쟁이 일어났다. 그 때문에 미국 국무부가 세우고 있던 야심찬 아시아·태평양 계획은 완전히 뒤집히고 말았다. 소련과 미국 간의 최대 군사충돌은 한반도에서 일어났다. 미국 정부는 직접적인 군사 개입을 결정, 아시아의 군대로는 서양의 군사기술에 감히 적수가 될 수 없다는 것을 보여주려고 했다.

우리의 군사력을 보여줘야 해!

미국의 군함, 폭격기, 대포는 한반도 전역을 폐허로 만들었다. 450만 명 이상의 한국인이 죽었는데, 네 명 중 세 명은 민간인이었다. 그리고 약 3만 2천 명의 미국 병사가 관에 누운 채 돌아왔다. 그러나 군사기술에서 우위를 갖고 있었음에도, 미국은 완전한 승리를 거두지 못했다. 3년 동안의 격렬한 전쟁 뒤 정전 협상이 이루어졌다.
현재 한반도는 둘로 분단된 상태이고, 지금도 약 4만 명의 미군이 한국에 주둔하고 있다.

㉜

다음 전쟁을 기다리고 있는 거지.

도미니카공화국 1965년

미국의 지원을 받아 일어난 군사 쿠데타 이후 쫓겨난 전 대통령(그는 민주적으로 선거에서 뽑힌 대통령이었다)의 복위를 요구하며 도미니카 사람들이 일어섰다. 그러나 미국 정부는 도미니카 사람들이 자주적으로 실시한 선거 결과를 무시하고, 자신들이 선호하는 도미니카 정부를 단호히 지켜냈다. 미국은 국민운동을 진압하기 위해 2만 2천 명의 미군을 도미니카에 보냈다. 그리하여 수도 산토도밍고의 노상에서 3천 명의 사람들이 사살당했다.

㉝

YANKEES GO HOME

베트남   1964년~1973년

미국은 10년에 걸쳐 가능한 병력을 총동원해 베트남을 침공했다. 그렇게 함으로써 프랑스 식민지 시대부터 이어져 오던 부패한 남베트남 정권을 그대로 존속시키려고 했다. 미국이 인도차이나(베트남, 라오스, 캄보디아)에서 사용한 폭탄, 총탄, 포탄은 인류 역사상 지금까지 일어난 모든 전쟁에서 적과 아군이 사용한 양을 합친 것보다 많지도 모른다고들 이야기한다.

때로는 그 나라를 구하기 위해 파괴할 필요도 있는 거야.

미국의 폭격기는 베트남에 700만 톤이나 되는 폭탄을 투하했어요. 베트남 사람 한 명당 0.25톤의 폭탄이 사용된 셈이죠.

그처럼 미국은 베트남에 처참한 총격을 가했다. 그렇지만 결과적으로는 변변한 무기 하나 없이 오직 신념으로 무장한 농민군에게 완패했다.

㉞

40만 톤의 네이팜탄*이 그 작은 나라에 비처럼 쏟아져 내렸다. 에이전트오렌지 고엽제나 다른 유해 제초제*2가 수백만 헥타르의 농지와 숲을 파괴하였다. 마을은 철저하게 불태워졌고, 주민들은 학살당했다. 인도차이나 전쟁에서는 최종적으로 200만 명이 죽었다고 한다.
사망자의 대부분은 미군의 폭격이나 총탄에 의해 죽어간 민간인이었지만, 미군 역시 6만 명 정도가 전사했고, 30만 명이 부상을 입었다.

㉔

* 유지소이탄(油脂燒夷彈)의 일종으로, 광범위한 지역을 단숨에 태워 버릴 수 있다.
*2 다이옥신 등 유해물질이 다량 함유되어 있어 다양한 인체 피해가 베트남인, 미군, 한국군에게 나타났다.

레바논 1982년~1983년

이스라엘의 레바논 침공이 있은 후, 미국은 해병대를 레바논 내전에 직접 투입해 이스라엘과 우익 팔랑헤 반군을 지원했다.

베이루트를 향해 행진하는 미국 해병대, 1983년.

그때 이스라엘 군과 우익 팔랑헤 반군은 2천 명의 팔레스타인 사람들을 학살했어요.

이 군사 개입으로 241명의 미국 해병대원이 사망했다. 군인들이 묵고 있던 숙소에 폭탄을 실은 트럭이 돌진해왔기 때문이다. ㉟

그레나다 1983년

카리브 해에 떠 있는 작은 섬나라 그레나다의 인구는 약 11만 명이다.

미국 일리노이 주의 페오리아 시의 인구와 비슷하지요.

그러나 이상하게도 로널드 레이건 대통령에게 이 작은 나라 그레나다는 미국의 안전보장을 위협하는 존재로 인식되었다. 그래서 레이건 대통령은 미국 국방부에 그레나다를 제압하라고 명령했고, 결국 그곳에는 미국이 선호하는 새로운 정권이 들어섰다. ㊱

"좀 괜찮은 부동산이라고나 할까…" ㊲

국무장관 조지 슐츠, 1983년

리비아 1986년

미국 정부는 리비아의 독재자 이드리스 국왕을 매우 마음에 들어했다. 이드리스 국왕은 리비아에서 나는 석유에 대한 권리를 거저나 다름없는 가격으로 스탠더드 오일에 기분 좋게 양도해주었기 때문이다. 한편 미국 정부는 카다피 대령을 싫어했다. 이드리스 국왕을 권좌에서 내쫓았기 때문이다. 레이건 대통령은 독일의 한 나이트클럽에서 발생한 폭탄 테러로 2명의 미군이 사망하자, 그 책임을 카다피 정권에게 돌려 1986년 리비아의 수도 트리폴리 폭격을 지시했다. 이 폭격으로 수백 명의 리비아 국민들이 목숨을 잃었는데, 리비아의 희생자들은 독일 나이트클럽 테러에 대해 알고 있기나 했을까? ㊳

그런 불쌍한 사람들에게 폭탄을 먹이다니… 테러리스트들의 무신경 하고는!

㉕

* "I'm a Bechtel man and a Pentagon fan."(나는 벡텔맨이자 국방부 예찬자이다) : 벡텔 사는 세계 최대의 종합건설회사이다. 특히 걸프전, 코소보 분쟁 등 전후의 부흥사업을 주로 도맡았다. 슐츠 전 국무장관은 당시 이 회사의 사장이기도 했다.

지금까지 미군이 관여한 전쟁을 돌아보았다.

제2차 세계대전 이후 영국은 중동의 식민지들을 어떻게 할 것인지 결단을 내려야 했다. 영국은 홀로코스트*를 피해 고국에서 도망쳐야 했던 유럽의 유대인들에게 팔레스타인이라는 넓은 토지를 주기로 했다. 문제는 그 토지에 이미 사람들이 살고 있었다는 것이다. 이로 인해 수십만 명의 팔레스타인 사람들이 그곳에서 쫓겨났으며, 그후 50년이 넘는 기간 동안 폭력과 전쟁이 계속되고 있다. 충돌의 중심무대는 요르단 강 서안과 가자 지구로, 수십 년 동안 이스라엘의 점령 아래에서 팔레스타인 사람들이 살아가고 있다.

이밖에 미국 정부가 뒤에 숨어서 관여한 전쟁도 수없이 많아요.

미국은 이곳에서도 결정적인 역할을 하고 있다. 이스라엘에 최신무기를 공급하고 있을 뿐만 아니라, 정치적 지원과 연간 수십억 달러에 상당하는 원조도 제공하고 있다. 이스라엘이 30년이 넘도록 요르단 강 서안과 가자 지구를 점령하고 있는 데 대한 팔레스타인 사람들의 증오는 하늘을 찌를 듯하다. 따라서 그 분노의 창 끝은 이스라엘만이 아니라 미국으로도 향하고 있다. 이스라엘 군에 의해 10대의 젊은이들이 계속 생명을 잃어가고 있는 상태이기 때문에 팔레스타인 사람들의 분노는 점점 커지고 있다.

㊴

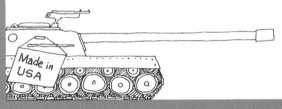

Made in USA

또한 미국 정부는 이른바 친구들(그 중에는 자국민을 억압하는 독재정권도 포함되어 있다)의 든든한 후원자가 되고 있다. 1970년대, 1980년대에는 중앙아메리카에서 부패한 독재정권을 무너뜨리기 위해 민중들이 들고일어났다. 미 국방부와 CIA*2는 그들 국가의 군대나 살인부대에 무기를 주며 군사훈련까지 시켰다. 이 살인부대는 니카라과, 엘살바도르, 과테말라에서 수십만 명이나 되는, 더구나 거의 비무장 상태에 있던 농민들을 무참히 죽였다.

㊵

그들을 믿어선 안 돼. 놈들은 농민으로 가장한 테러리스트니까 말이야!

중앙아메리카에서 일어난 학살 중 최악의 작전을 지휘한 장교들은 대부분 조지아 주에 있는 미 국방부의 '미주학교'에서 군사훈련을 받은 이들이다. 이 학교는 중앙아메리카, 남아메리카 전역에서 군인을 모집해 훈련시켰다. 그 훈련 교과서는 고문과 즉결처형을 권하고 있다. 이 학교를 졸업한 장교들은 자기 나라로 돌아가서 군사체제를 확립하고 공포정치를 실시해 자국민을 억압했다. ㊶

암살자 학교는 당장 문을 닫아라

고문 훈련은 그만!

베닝 기지는 테러리스트 훈련기지다!

지금도 콜롬비아, 멕시코, 페루, 필리핀 등 다양한 나라에서 국민들의 저항운동을 진압하기 위한 전쟁이 미국의 후원을 받아 계속되고 있으며, 그 때문에 많은 사람들이 피를 흘리고 있다. 콜롬비아에서는 미국의 지원을 받은 부패한 정규군이 사병들과 협력하여 주민들을 진압하고 수많은 마을들을 파괴시켰으며, 적대하는 노동조합의 지도자나 정치가들에 대해서는 몇백 명이 되든 가차없이 죽였다. 미국은 '마약과의 전쟁'이라는 미명 하에 이들 나라의 군대에 더욱 적극적인 지원을 해주고 있다. 무기 제공만 해도 수십억 달러에 달하는데, 이는 곧 살육수단을 빌려주고 있는 셈이다.

㊷

㉖

* 나치에 의한 유대인 대학살. 학살과 박해를 두려워한 많은 유대인들이 국외로 도피했다.
*2 미국 중앙정보국(Central Intelligence Agency). 정보수집에서 한발 더 나아가 스파이 활동이나 암살을 하기도 한다.

또 CIA와 국방부는 미국 정부의 마음에 들지 않는 정권을 전복시키기 위해 대리군을 조직하기도 했다. 예를 들어, 1961년에는 쿠바혁명을 뒤엎기 위해 군함에 소규모 용병부대를 태워 쿠바의 피그스 만에 상륙시켰다.

그것은 20세기 들어 다섯 번째로 강행된 쿠바 침공이었다. 그러나 미국은 패배했다.
㊸

특히 1970년대와 1980년대에 CIA는 세계 전역의 게릴라군을 재정적으로 지원하고 군사훈련까지 제공해가며 무장시키느라 매우 바빴지.

놈들을 따끔하게 혼내줘야지!

쿠바제

핑!

포르투갈은 남아프리카의 식민지를 어떻게든 유지하고 싶어했다. 몇 년 동안 미국은 포르투갈과 힘을 모아 앙골라나 모잠비크에서 독립전쟁이 일어나는 것을 어떻게든 저지시키려 했다.

그러다가 포르투갈에서 민주혁명이 일어난 뒤, 포르투갈 정부는 1975년에 이들 식민지의 영유권을 포기한다고 선언했다.

하지만 미국 정부는 찬성하지 않았죠.

그러자 미국 정부는 아파르트헤이트 정책*을 취하는 남아프리카공화국과 손잡고, 이제 막 독립한 앙골라에 용병을 파견해 앙골라의 새 정권을 상대로 전쟁을 일으켰다.
또 모잠비크에서는 미국과 남아프리카공화국 정부의 상층부와 퇴역 장교들이 합세하여 용병군(그것도 몇만 명이나 되는 농민을 대량 학살한, 잔혹하기로 유명한 용병부대)의 후원자가 되었다.
㊹

민주주의를 위해!

자유를 위해!

USA
미국

남아프리카공화국
아파르트헤이트 정권

㉗

* 남아프리카공화국의 인종차별 정책. 1991년에 폐지되었다.

또 하나, '콘트라'*를 잊으면 안 돼요.

1979년 니카라과 사람들은 미국이 후원하던 소모사 일족의 독재정권을 무너뜨렸다. CIA는 사람들이 증오했던 소모사의 패잔병들을 끌어모아 많은 무기를 제공한 뒤 니카라과로 돌려보냈다. 약탈, 방화, 학살을 시키기 위해서였다.

"(콘트라는) 우리 미국을 건국한 조상들과 동일한 도덕관을 지니고 있습니다."

㊺

로널드 레이건 대통령, 1985년.

1979년 소련은 친소련 정권을 지지하기 위해 아프가니스탄을 침공했다. 소련에 의한 아프간 점령은 민중의 격렬한 저항에 부딪혔다. 그때 CIA는 파키스탄 및 사우디아라비아 정부와 밀접하게 협력하면서 아프가니스탄의 무자헤딘(이슬람 전사) 게릴라에게 무기를 제공하고, 재정 원조와 군사훈련을 시켜주었다. 무자헤딘들은 미국 정부와 또 다른 우방에게 받은 막대한 지원을 기반으로, 10년 동안 처절한 전쟁을 치른 끝에 소련을 아프가니스탄에서 몰아냈다.

㊻

이 아프간 전쟁에서 CIA에 협력한 인물 중 하나가 사우디아라비아 출신의 오사마 빈 라덴이었다. 빈 라덴은 CIA와 함께 아프가니스탄의 무자헤딘에게 소련과의 싸움에 필요한 무기와 자금을 제공했다. 아프간 전쟁은 이슬람(무슬림) 세계를 더 이상 외국세력이 지배하지 못하게 하려는 국제적인 이슬람 운동을 군사화하는 결과를 가져왔다. 이 이슬람 운동은 소련을 거부한 것과 마찬가지로 미국에 대해서도 배타적이었다. 그러나 당시 빈 라덴과 무자헤딘을 지원했던 미국은 무자헤딘의 최종목표에 대해 그다지 심각하게 생각하지 않았다.

㊼

우리는 모든 이교도의 군대를 무슬림의 땅에서 쫓아낼 것이다!

아무렴 어때! 악의 제국(소련)에 채찍을 휘두르자구!

㉘

* 콘트라 리볼루션(반혁명군)의 약칭. 니카라과 소모사 독재정권이 산디니스타 혁명에 의해 무너진 후 구 소모사 군의 패잔병들을 중심으로 만들어졌다.

미국

1980년대 레이건 대통령은 소련과의 군비확장 경쟁에 여념이 없었다. 그는 군사비에 사상 유례없는 돈을 쏟아 부었다. 소련 역시 경제력은 미국보다 훨씬 약했지만, 군사력 면에서는 어떻게든 미국을 따라잡으려고 필사적이었다.

이 게임은 둘이서 하는 거야!

소련

그러나 그것은 오래 지속되지 못했다. 거액의 군사비는 그렇지 않아도 허약한 경제를 더욱 압박해 소련 붕괴의 원인 가운데 하나가 되었다. 결국 미국은 군비확장 경쟁과 냉전에서 모두 승리했다.

냉전이 끝나자 사람들은 '세계평화의 시대'라든지 '평화의 배당'이라는 이상적인 이야기를 하기 시작했다. 그러나 백악관과 국방부 안에서는 비밀리에 전혀 다른 논의가 진행되고 있었다.

그들은 새로운 전쟁을 계획하느라 여념이 없었지.

NEW WORLD ORDER

우리가 이겼다.

제3장 신세계 질서

1989년 '동구권'이 붕괴되기 시작했을 때*, 조지 H. 부시 대통령은 안보보좌관과 세계 정세에 대해 논의했다. 그때 전원이 한 가지 사실에 의견 일치를 보았는데, 그것은 바로 "소련은 이미 다른 나라들에 대한 미국의 군사 개입에 대항할 능력과 의욕을 갖고 있지 않다"는 것이었다. 바야흐로 미국의 군사력을 세계에 과시할 때가 온 것이다. 백악관은 몇 가지의 결정적인 승리를 추구했다.

아주 약한 적

아주 약한 적

그래.

그래.

맞아.

"미국은 아주 약한 적을 상대로 전쟁을 할 때에는 단지 적을 패배시키는 것에 만족해서는 안 되고, 더욱 신속하고 철저하게 패배시켜야 한다."

국가안전보장회의 정책문서, 1989년.

㊽

㉙

* 구 소련을 중심으로 한 동구권은 베를린 장벽이 붕괴되면서 무너지기 시작했다.

파나마 1989년

파나마는 '아주 약한 적'으로 선택된 첫번째 나라이다.

미국이 군함외교로 파나마라는 나라를 만든 이래로, 미군은 정부가 필요하다고 생각할 때마다 이 작은 나라에 군대를 보냈다. 조지 H. 부시 대통령은 이 전통을 계승하여 1989년에도 2만 5천 명의 병사를 보냈다.

그게 아마 마약밀매인 한 명을 체포하기 위해서 였다지요.

마약 단속은 구실에 지나지 않았다. 진짜 이유는 파나마 운하를 안정적으로 지배하고 파나마 전역에 미 군사기지를 확보하기 위한 것이었다. 새로운 파나마 대통령 '길레르모 엔다라'는 미군 투입 직전 미 공군기지에서 (대통령 취임) 선서식을 했다. 미 국무부가 새로운 파나마 대통령으로 고른 이 인물은 대외적으로는 '미스터 클린'이라고 불렸지만 이건 터무니없는 얘기이고, 실은 돈세탁*으로 악명높은 은행 경영자였다.

㊾

우리는 자유기업을 신봉하지!

물론 파나마의 토착 은행만이 불법적인 돈세탁 비즈니스에 손댔던 것은 아니다. 미국의 대형 은행 대부분이 파나마시티에 지점을 내고 있었다.

㊿

내 몫을 챙겨야지!
$

파나마에서의 마약 거래와 돈세탁은 미국의 군사 개입 이후 더욱 증가했다.

(51)

Aduana
세관
코카인

* 은행의 비밀구좌를 이용해 마약 거래 등 범죄를 통해 얻은 뒷돈의 출처를 은폐한 다음, 그 돈을 일반시장에 유통시키는 불법행위를 말한다.

파나마에서 활동하는 몇몇 인권단체에 의하면, 당시 미국의 군사 개입으로 수천 명이 사망했다고 한다. 그 중 26명은 미군, 50명은 파나마 병사였다. 그리고 나머지는 모두 민간인으로, 파나마시티와 콜론의 빈민가에 퍼부어진 미군의 가공할 포화에 의해 목숨을 잃은 것이다.
ⓒ52

사망자 대부분은 쓰레기봉투에 담겨 비밀리에 집단묘지에 묻혔다고 해요.

이라크 1991년

파나마를 침공한 지 겨우 13개월 후에 미국은 다시 전쟁을 감행했다. 이번에는 이라크를 대상으로 한 더 큰 규모의 전쟁이었다. 늘 그래왔듯이 이번에도 미국 정부의 홍보담당국 주도로 "이라크에 대한 전쟁*은 자유와 정의를 위한 것"이라고 대대적으로 선전되었다. 하지만 이 전쟁의 진짜 이유가 무엇인지는 여러분들도 잘 알 것이다.

"어떤 바보라도, 우리에게 석유가 필요하다는 것은 알고 있을걸."
ⓒ53

조지 H. 부시 전 대통령 보좌관.
Time Magazine, 1990.

이보다 훨씬 전에, 미 국무부는 중동의 석유에 대하여 다음과 같이 말했다.

"전략적 파워를 가져다주는 경이로운 자원이다. …세계 역사상 최고급 전리품이다."
ⓒ54

현재까지 알려진 세계 석유의 매장량 가운데 65%가 중동에 있다. 미국이 유럽이나 일본, 기타 개발도상국에 비해 전략적 우위에 서 있는 것은, 미국의 석유회사가 이 지역의 석유거래를 지배하고 있기 때문이다. 미국 정부는 중동의 석유를 자신들이 자유로이 처분할 수 있는 자산으로 생각하며, '중대한 이권*2의 하나라고 선언하고 있다.
ⓒ55

"석유는 아랍인의 손에 맡겨두기엔 너무나 중요한 물건이야."
ⓒ56

헨리 키신저

뭐하러 왔나?

미국의 '중대한 이권'이 너희들 땅 아래에서 잠자고 있는지 조사하러 왔다.

Mobil

③31

---

* 일반적으로 '걸프전'이라 불리는 이 전쟁은 1991년 1월 17일 미국을 중심으로 한 다국적군의 공격으로 시작되었다.
*2 interests, '이익, 이권'과 '관심사'의 두 가지 뜻이 있다.

미국 정부가 걸프전에 관해 입안한 것은 1979년부터였다. 당시 카터 대통령은 '신속배치군'을 창설하고 다음과 같이 선언했다. "페르시아 만 지역의 석유에 대한 어떠한 위협도…"

1980년대 초 레이건 정권은 이란*을 걸프 지역에서의 미국의 이익에 주요한 위협이라고 판단해 동맹국들과 함께 이라크의 이란 침공을 지원하고, 이라크군에게 많은 첨단무기를 제공했다. 심지어 미국 회사들은 탄저균을 비롯해 생화학무기 제조에 사용될 수 있는 물품들을 이라크 정부에 판매했다. 미 국방부는 이란 병력의 배치상황을 담은 위성사진을 이라크에 제공했고, 이라크 정부가 독가스를 사용할 때는 모른 척하기도 했다.

"…군사행동을 포함한 모든 수단을 동원해 배제할 것이다."

⑤⑦

지미 카터, 1979년.

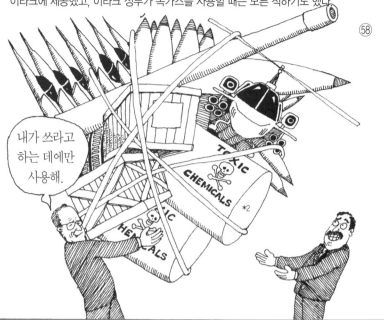

내가 쓰라고 하는 데에만 사용해.

⑤⑧

TOXIC CHEMICALS

*2

1987년 이라크 편에 선 레이건 대통령은 이란전에 직접 개입했다. 당시 미국은 이라크의 동맹국이었던 쿠웨이트의 유조선을 지키기 위해, 미국의 함선을 페르시아 만에 보냈다. 미 해군은 최신예 무기로 이란의 석유채굴 시설을 날려 버렸고, 고속선을 몇 척이나 격침시켰으며, 이란의 여객기까지 격추시켜 승객 290명 전원의 생명을 앗아가기도 했다.

⑤⑨

1988년 이란과 이라크의 전쟁이 끝나자 미국 정부는 자신들의 지원에 힘입어 막강하게 성장한 이라크군이 중동 지역에서 미국의 지배권을 위협하지 않을까 두려워하기 시작했다. 그래서 이번에는 이라크를 무장해제시켜야 한다고 생각했다.

우리 배를 지켜야 했거든!

승객들이 뭘 하려고 했다는 거지? 변기의 물이라도 쏟았다는 건가?

칼은 다 갈았다.

* 호메이니가 이끄는 혁명(이란혁명)에서 수립된 이슬람 정권은 미국에 우호적이었던 전 정권과 대조적으로 미국을 공공연히 적대시했다.
*2 유해 화학물질.

실제로 미국이 이라크를 자극함으로써 쿠웨이트 침공을 유도해놓고는 오히려 그것을 군사 개입의 구실로 삼았다는 증거가 있다. 이라크가 쿠웨이트 침공을 생각하기 시작한 것은 미국과 사우디아라비아, 쿠웨이트가 자신들에게 혹독한 경제적 압력을 가했기 때문이었다. 사담 후세인 대통령이 쿠웨이트 침공 결의를 미국에 전했을 때, 미국 정부는 후세인에게 사실상의 승인의사를 전달했다.

⑥

"쿠웨이트와의 국경분쟁에 대해 미국 정부는 의견을 말할 입장이 아닙니다."

그렇게 말할 거라고 기대했어.

미국 대사관

위의 발언은 1990년 7월 미국 대사 에이프릴 글래스피가 사담 후세인 대통령에게 한 말이다. "국무장관 제임스 베이커가 정부의 보도관에게 이 점을 강조하도록 지시했다"는 말도 덧붙였다.

아니나 다를까, 이라크의 쿠웨이트 침공이 시작되자 부시 대통령은 대대적인 이라크와의 전쟁을 준비하면서 평화적인 해결가능성을 애초부터 배제해 버렸다. 이라크는 (체면을 세우려는 정도의 의의밖에 없었을지라도) 중동평화회의가 개최되면 쿠웨이트에서 철수할 수도 있다고 제안했지만, 부시 대통령은 그 제안을 그 자리에서 거부했다.

⑥

"놈의 엉덩이를 차버릴 거야!"

조지 H. 부시, 1990년 10월.

부시 대통령은 이러한 분쟁이 교섭에 의해 충분히 해결될 수 있다는 사실을 알았지만, 그러한 방식을 묵살했다. 미국에게는 '신속하고 결정적인' 승리가 필요했기 때문이다. 이라크를 맹렬한 폭격으로 파괴하여 산업화 이전의 시대로까지 되돌려놓고자 했다. 결국 수만 명이나 되는 이라크 병사가 재로 변하고 말았다. 이 전쟁은 다음과 같은 미국의 메시지를 전세계로 전달하는 데 그 목적이 있었다.

"우리들이 말한 대로 되고 만다!"

미국이야말로 최고다. 결코 잊지 마라!

부시 대통령은 역사상 유례없는 고강도 폭격을 단행했다. 이때 사용된 무기는 재래식 폭탄은 물론이고, 인체를 갈기갈기 찢어놓는 클러스터 폭탄, 베트남에서 악명을 떨친 네이팜탄, 피부에 달라붙어 인체를 태우는 백린 폭탄, 작은 핵폭탄이라고 불리는 기화 폭탄 등이 있다. 미국이 열화우라늄탄을 사용한 사실이 후에 밝혀지기도 했다. 그것은 이라크인들과 미군의 암 발병, 이라크 어린이들의 선천적 기형의 원인으로 지목받고 있다.

잘 지내! — 조지로부터

어떠냐! 하나같이 굉장한 무기들뿐이지?

⑥

바그다드와 바스라에서는 무자비한 폭격으로 수천 명의 민간인이 죽어갔다.

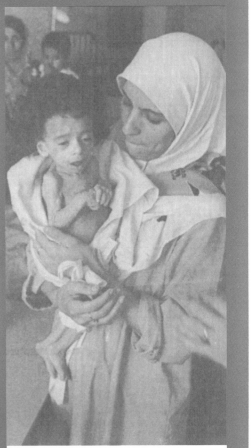

부시 대통령이 지상작전을 개시했을 때 이미 이라크는 쿠웨이트에서 철수를 시작하고 있었다. 사실 미군 지상작전의 주요 목적은 이라크군을 쿠웨이트에서 쫓아내는 것이 아니라, 쿠웨이트에서 철수시키지 않는 데에 있었다. 미국은 "출구를 봉쇄시켰고", 철수하려던 수만 명의 이라크 병사들이 학살당했다. 전차와 불도저가 수천 명에 이르는 이라크 병사들을 산 채로 참호에 매장했는데, 이 작전은 '이라크군을 파괴하는 작전'이라 이름 붙여졌다.

64

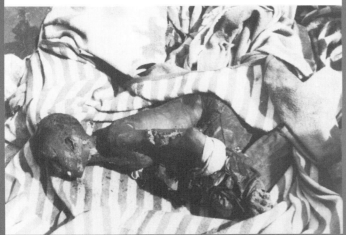

걸프전에서 15만 명의 이라크인이 사망한 것으로 추정된다. 그러나 전쟁이 끝난 뒤에도 이라크 국민의 비극은 계속되고 있다. 전쟁에서 죽은 사람보다 더 많은 사람들이 오염된 물을 먹고 병에 걸려 죽어가고 있다. 미군이 전기, 수도, 하수처리시설을 모조리 파괴했기 때문이다. 게다가 미국 정부는 이라크에 대해 10년이 넘도록 역사상 가장 혹독한 경제 제재를 가했다. 그리하여 목이 졸린 채 황폐화된 이라크 경제 속에서 이라크 국민의 고통은 점점 심해졌다.

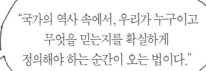

"국가의 역사 속에서, 우리가 누구이고 무엇을 믿는지를 확실하게 정의해야 하는 순간이 오는 법이다."

65

조지 H. 부시, 1991년 1월.

34

1999년 유니세프의 추정에 의하면, 이라크 유아와 어린이의 사망률이 전쟁 전보다 2배 높아졌다고 한다. 이는 전쟁과 뒤이은 경제 제재로 보건, 의약, 상수도, 식량 등이 황폐화되었기 때문이다. 유니세프는 또한 매달 5,200명의 어린이들이 목숨을 잃어왔고, 지난 10년 동안 50만 명 이상의 어린이들이 사망한 것으로 추정하고 있다. ⑥⑦

사담 후세인에게 결코 잊지 못할 교훈이 되었을 거다!

미국은 그후에도 이라크 폭격을 반복했다.

약간의 덤이라고나 할까.

물론 이 전쟁을 위대한 승리라며 축복하는 무리도 있었다. 어떤 사람들에게는 정말로 그랬다.

누가 승리자인가?

우선 석유회사가 있지요.

그들은 투기와 가격 조작으로 가솔린 가격을 끌어올려 막대한 이익을 챙겼다. ⑥⑧

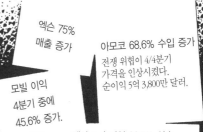

엑슨 75% 매출 증가

아모코 68.6% 수입 증가
전쟁 위험이 4/4분기 가격을 인상시켰다. 순이익 5억 3,800만 달러.

모빌 이익 4분기 중에 45.6% 증가.

텍사코 순이익 26.5% 상승.
셰브론 17.8% 상승.

그러나 더 중요한 성과는 미국 석유회사가 중동의 석유를 더 강력하게 장악할 수 있게 되었다는 점이다. 걸프전은 적어도 현시점에서는 미국 석유회사가 쿠웨이트, 사우디아라비아 등 페르시아 만의 왕가들과 편안한 관계를 유지하는 데 도움을 주고 있다(본래 왕가의 모든 권력은 대영제국에 의해 부여된 것이다). 현재의 편안한 관계는 석유회사와 왕족에게 거대한 부를 가져다주고 있다. 하지만 아랍인의 대다수는 여전히 빈곤한 생활 속에서 허덕이고 있다. 걸프전이 끝난 후에도 미군은 아랍인의 거센 반발*에도 아랑곳하지 않은 채 계속 사우디아라비아에 주둔하고 있다. ⑥⑨

③⑤

---

* 메카, 메디나 등 이슬람 성지가 있는 사우디아라비아에 미국이 주둔한다는 사실은 이슬람으로서는 굴욕이다. 미국에 적대적인 알 카에다에 민간자금 원조가 끊이지 않는 것은 이에 대한 거센 반발에서 그 이유를 찾아볼 수 있을 것이다.

그리고 은행가들이 있어요.

은행가들도 페르시아 만 군주국과 석유회사 사이의 협력관계에서 일익을 담당했다. 페르시아 만 군주국의 수장들은 중동지역 개발에 힘을 쏟는 대신 거액의 돈을 서방 은행에 맡기고 있다. 약 9조 달러의 중동 석유 매매수익이 시티뱅크나 JP 모건 체이스 혹은 미국, 유럽, 일본의 또 다른 은행들을 살찌우고 있다. 이들 은행가들은 쿠웨이트의 수장과 그 동료들의 행방에 매우 특별한 관심을 갖고 있다.

⑦

주님께서 군주국의 수장들을 보호하시길!

건설 청부업자도 빼놓을 수 없지요.

대규모 건설회사, 석유 관련 회사, 대형 청부업자나 자재 공급업자 등이 1천억 달러에 이르는 쿠웨이트 재건사업 수주 경쟁을 펼쳤다. 그 결과 벡텔, 할리버튼, AT&T, 모토롤라, 캐터필러 등 미국의 큰 기업들이 계약의 대부분을 독점했다.

⑦

대규모 건설회사

지진이나 허리케인, 산업재해도 나쁘지 않지만, 전쟁만큼 구미가 당기는 건 없지.

군수산업에 직접 관여하고 있는 제너럴 다이내믹스, GE(제너럴 일렉트릭), 보잉이나 그 개발회사의 경영자들도 있군요.

거대 군수산업의 경영자들은 페르시아 만 지역에서 미사일이 날아다니고 폭탄이 투하되는 것을 볼 때마다 자신들이 벌게 될 돈을 계산했다. 그들의 머릿속은 돈이 너무 많이 들어가 있어 뚜껑이 닫히지 않는 금전등록기처럼 계속 울려댔다.

36

죽음의 상인들은 자신들이 만든 무기에 대규모 살육 능력이 있다는 것을 걸프전에서 실제로 증명했고, 덕분에 더 많은 무기를 팔게 되었다. 그들은 미국 의회나 국방부뿐만 아니라, 세계 전역의 장군이나 관료, 정치가들에게 무기를 판매하고 있다.

미국의 무기 수출은 1989년 80억 달러에서 1991년 400억 달러로 껑충 뛰어올랐다. 미국은 어느 나라와도 비교가 안 될 정도로 다량의 무기를 외국에 판매하고 있다. '샘 아저씨(미국을 가리킴)'는 자국민에게 충분한 식량조차 확보해주지 못하는 외국 정부에 대해서도, 록히드 마틴 사가 전투기를 판매할 수 있도록 군사 원조와 대여보증을 해주고 있다.

⑫

물론 국제적인 군비경쟁이나 중동지역의 군사화를 억제해야 한다는 공식 발언이 없었던 것은 아니다.

그러나 워싱턴에서 그런 의견이 표명되는 한편에서, 미 국방부의 대리인들은 이스라엘, 페르시아 만 군주국, 이집트, 터키 등 중동의 단골손님에게 전투기와 전차, 헬리콥터, 클러스터 폭탄 등을 판매하느라 어느 때보다 바빴다.

"중동 군사경쟁의 악순환을 끊고, 무기거래를 소멸시키려는 노력을 할 때가 왔다."

⑬

국무장관 제임스 베이커, 1991년 2월.

이번 주는 F-16이 정말 싸요. 100대를 사면 덤으로 네이팜탄 1,000상자를 줄게요.

⑭

* 유명한 브로드웨이 뮤지컬 '쇼만큼 멋진 장사는 없어' 에 나오는 노래에 빗대었다.

걸프전이 가져다준 성과를 생각하면, 많은 기업들이 미국 각지에서 펼쳐진 '승리의 퍼레이드'에서 스폰서가 되어준 것도 납득할 만한 일이다.

제너럴 다이내믹스, 엑슨, 체이스맨하탄 은행, AT&T, 맥도넬 더글러스, 제너럴 일렉트릭의 이름으로 귀하의 전장에서의 활약을 칭송합니다.

코소보 1999년

알바니아계 주민들은 세르비아계 주민이 주도권을 쥔 유고슬라비아 정부에 의해 오랫동안 박해를 받아왔다. 1990년대 후반 코소보의 알바니아계 반정부 조직은 분리독립을 요구하며 전쟁을 일으켰다. 이런 경우 미국 정부는 대부분 분리독립을 요구하는 소수파 그룹을 후원하지 않지만, 이는 분리독립에 직면한 정부를 미국이 지지하느냐 하지 않느냐에 따라 달라진다. 예를 들어, 미국은 이라크나 이란 내의 쿠르드족들이 벌이는 독립운동을 지원하는데, 이웃나라인 터키에서는 그 반대의 행동을 보인다. 즉, 터키가 미국의 오래된 동맹국이라는 이유로, 터키 정부가 쿠르드족을 억압하는 데 필요한 무기를 대량으로 공급해주고 있다. 미국의 군사원조로 수만 명의 쿠르드족이 죽임을 당하고 있는 것이다.

우리의 정책은 분명하다. 자유를 위해 싸우는 자는 지원하고, 테러리스트 독립분자에 대해서는 맞서 싸운다.

⑦⑤

유고슬라비아의 강한 남자 슬로보단 밀로셰비치 대통령은 동구에서 자신의 영향력을 확대하려는 미국에 협조하지 않았다. 그러므로 유고슬라비아의 분할은 미국이 바라던 전략이었다. 미국의 클린턴 정권은 알바니아계 반군 코소보 해방군이 마약 거래에 손을 대고 극단적인 인종차별주의를 제창하며 매우 잔혹한 행위를 하는데도 불구하고, 그들을 전면적으로 지원했다. 그러다가 늘 해오던 방식대로 클린턴 정권은 유고슬라비아가 도저히 받아들일 수 없는 최후 통첩을 들이밀었다.

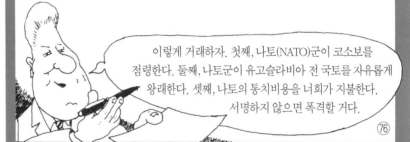

이렇게 거래하자. 첫째, 나토(NATO)군이 코소보를 점령한다. 둘째, 나토군이 유고슬라비아 전 국토를 자유롭게 왕래한다. 셋째, 나토의 통치비용을 너희가 지불한다. 서명하지 않으면 폭격할 거다.

⑦⑥

나토군의 폭격이 시작되자, 유고슬라비아는 잔혹하긴 했어도 그때까지는 소규모에 머물던 알바니아계 주민에 대한 진압작전을 대규모의 민족청소작전으로 확대했다. 유고슬라비아의 세르비아계 병사와 무장조직은 수만 명에 이르는 알바니아계 주민을 국외로 추방하기 시작했고, 수천 명을 살해했다. 그러다가 알바니아계 주민이 나토군의 보호 아래 귀국하기 시작하자, 이번에는 세르비아계 주민과 집시들이 쫓겨나거나 살해당했다. 결국 전쟁을 통해 유고슬라비아 분할이라는 미국의 정치적 목적은 달성되었지만, 알바니아인과 세르비아인에게는 엄청난 죽음과 고통, 화해할 수 없는 민족적 대립*을 안겨주었다.

⑦⑦

* 알바니아인과 세르비아인의 민족적 대립은 몇백 년의 역사를 지닌다. 엎치락뒤치락 하며 서로가 우세와 열세를 거듭했으므로, 어느 한쪽이 피해자라고 단정지을 수는 없다.

제4장
테러와의 전쟁

2001년 9월 11일, 세계무역센터 빌딩과 미국 국방부에 대한 무서운 테러 공격이 일어나자 한 가지 의문이 제기되었다. 그것은 대답하기가 매우 곤란한 질문이어서 미국 뉴스에서 제대로 취급된 적이 거의 없었다.

그 답을 찾기 위해서는 일단 가장 중요한 용의자에게 물어보아야 할 것이다. 미국의 폭격기가 아프가니스탄에 대한 공습을 개시하자, 오사마 빈 라덴은 비디오테이프를 통해 자신의 메시지를 공표했다. 그는 9월 11일의 테러 공격을 극찬하고, 미국에 대한 대규모의 공격을 제창하면서 그 동기를 분명히 설명했다.

엄마, 그 사람들은 어째서 이런 일을 한 거예요?

"미국이 지금 맛보고 있는 것은 우리가 지난 수십 년 동안 경험했던 것에 비하면 매우 사소하다. 우리의 나라(이슬람 세계)는 80년이 넘는 세월 동안 이러한 굴욕과 멸시를 맛보아왔다. 땅에는 죽임을 당한 아들들의 피가 흐르고*, 성지는 공격을 받았다. 그러나 아무도 귀기울이지 않고 마음에 담아두지 않았다. 이렇게 이야기하는 동안에도, 수백만 명의 무고한 어린이들이 죽어가고 있다. 이라크에서는 아무 죄도 없는 어린이들이 죽임을 당하고 있다…. 미국, 그 국가와 사람들에 대해 나는 단지 몇 마디만을 말하고자 한다. 나는 기둥도 없이 천공을 떠받치시는 위대한 신께 맹세한다.*2 이곳 팔레스타인에 사는 우리들 앞에 평화가 돌아오고, 이교도의 군대가 마호메트의 땅에서 물러가지 않는 한 미국, 그리고 미국에 사는 사람들은 안전을 꿈꾸는 일조차 불가능할 것이다. 신께 평화를."

⑦⑧

오사마 빈 라덴, 2001년 10월 7일.

㊉

* '아들들의 피가 흐르고'란 '어머니이신 이슬람의 대지에서 태어난 모든 사람들', '그 사람들의 피'라는 뜻의 시적인 표현법이다.
*2 '기둥도 없이 천공을…'도 마찬가지 표현법으로, 이슬람 사람들은 이러한 시적인 표현을 즐긴다.

중동을 포함하여 전세계 어디에서도 빈 라덴이 벌이는 테러 방식을 지지하지는 않는다. 하지만 중동지역 대부분의 사람들은 미국에 대해 공통의 분노를 품고 있다. 중동 사람들은 중동지역의 부패한 독재정권을 지원하는 미국에 대해, 혹은 팔레스타인 사람들을 희생시키면서까지 이스라엘을 지지하는 미국에 대해, 나아가 군사력과 냉혹한 경제 제재를 동원해 중동지역을 자신의 생각대로 끌고가려는 미국에 대해 분노하고 있는 것이다.

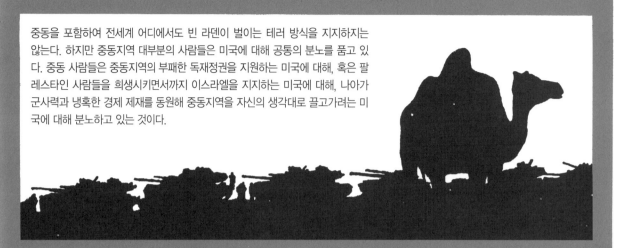

부시 정권은 곧바로 미국의 텔레비전 방송국들을 향해서 빈 라덴의 비디오 메시지 방영에 '신중하도록' 주의를 촉구했다. 그 공식적인 이유는 무엇일까?

그러나 과연 정부가 걱정했던 것이 암호 메시지였을까? 아마도 빈 라덴이 밝힌 내용, "9월 11일의 공격은 미국의 외교 정책, 특히 중동지역에 대한 군사 개입의 보복으로서 실행됐다"고 하는 메시지가 미칠 영향을 걱정해서가 아니었을까?

그 비디오는 테러범들에게 보내는 암호를 담고 있을지도 모른다.

미국의 다른 나라에 대한 군사 개입이 보복공격을 불러일으키고, 그리하여 자국 내에 죽음과 파괴를 초래할 수 있다는 사실을 미국인들이 분명하게 이해하면, 미군이 해외로 전쟁을 하러 가는 것이 과연 좋은지에 대해 다시 생각하게 될지 모르죠.

미국 국방부는 최신무기를 사용하여 공격목표가 된 나라의 기반시설(인프라)*을 파괴하고 수천, 아니 수십만 명의 사람들을 살상함으로써 그 나라를 파멸시킬 수 있다는 사실을 거듭해서 보여주고 있다.

이런데도 보복공격이 없을 것이라고 생각하는 게 오히려 어리석지.

40

* 인프라스트럭처(Infrastructure). 수도 · 전기 · 도로 등 시민이 생활하는 데 꼭 필요한 공공시설.

지난 수십 년에 걸쳐 미국이 해외에서 일으킨 전쟁의 실제 비용은 거의 밝혀진 적이 없다. 미국인들은 전쟁을 위해 군사비를 부담해야 했지만, 목숨을 내놓아야 하는 일은 거의 없었다. 죽음과 파괴는 모두 해외에서 일어나는 사건에 불과했다. 그러던 것이 9월 11일의 테러 사건으로 완전히 바뀌었다.

그러나 9월 11일의 공격은 단순한 보복행위가 아니었다. 도발행위이기도 했다. 빈 라덴은 미국이 강력한 폭력으로 응수하리라 기대했다. 그러면 새로운 이슬람 지원병이 빈 라덴에게 달려와 테러의 대열에 참가할 것이었다. 궁극적으로 빈 라덴은 미국에 대한 성전이 이슬람 세계 다수의 지지를 얻을 것이라고 기대했던 것이다.

폭력이 미국에도 찾아온 거지요.

순교자가 늘어나면 지원병도 늘어나게 마련이지.

부시 정권은 빈 라덴의 계산대로 움직였다. 부시 대통령은 빈 라덴과 똑같이 '악에 대한 정의'라는 성서적인 표현*을 써가며 '테러와의 전쟁'을 선언했다. 부시 대통령과 그 추종자들은 빈 라덴이 바라던 전쟁을 준비하고 있었던 것이다. 그들은 오히려 9월 11일과 같은 테러 공격을 기대하고 있었다. 9월 11일의 테러 사건이야말로 미국의 군사비를 끌어올리고 막강한 군사력을 전세계에 과시할 절호의 기회로 여겼던 것이다. ㉘

"이것은 악에 대한 정의의 위대한 싸움이다. …이 십자군, 테러와의 전쟁은 한동안 계속될 것이다."

조지 W. 부시, 2001년 9월 12일, 16일.

부시가 제창한 '테러와의 전쟁'은 미국의 폭격기가 아프가니스탄을 공습하는 것으로 시작되었다. 부시 정권은 협상도, 전쟁을 대신하는 그 어떤 수단에 대한 검토도 거부했다. 아프가니스탄 정부는 빈 라덴이 유죄라면 그 증거를 내놓으라고 요구했다. 만약 그 요구에 미국이 답했다면, 아프간 정부는 미국에 협력했을지도 모른다. 그러나 부시의 대답은……

협상의 여지는 없다! 지금 당장 빈 라덴을 내놓든가 그와 함께 죽음을 택하라.

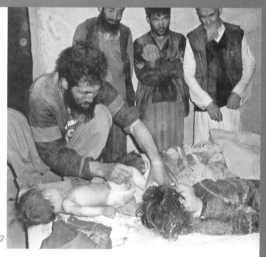

미국의 폭격이 있은 후 목숨을 잃은 네 명의 어린이들을 매장하기 전에 시신을 닦아주는 가족들(2001년 10월 카불).

㉛ *2

이 사태는 아프가니스탄 사람들을 고통스럽게 했다. 미국의 폭격은 수많은 시민의 목숨을 빼앗아갔고, 전쟁은 이미 기아에 직면해 있는 수백만 명*3에 대한 구호물자 수송을 중단시켰다. 정확한 사망자 수가 판명된 적은 없지만, 아프가니스탄에서의 사망자는 세계무역센터 빌딩의 사망자보다 몇 배는 더 많을 것이다.

* 원문은 'good vs. evil', 천사(절대적인 정의)와 악마(절대적인 사악)의 대립이라는 그리스도교적 세계관에 기초한 표현이다.
*2 전쟁 때문에 원조가 중단되어 수백만 명이 굶어죽는 위기에 직면했다. 「뉴욕타임스」는 9·11 테러에 의해 3,086명이 사망했다고 보고했다[뉴욕 당국의 2002년 8월 19일 발표는 사망자(행방불명자 포함) 2,819명이라고 하향 수정되어 있다].
*3 1999년 이후로 아프가니스탄에 사상 최악의 가뭄이 덮쳐 WFP(세계식량계획)는 2001년 중에 50만 명~100만 명의 아사자가 나올 것이라고, 9·11이 있기 훨씬 전에 경고했었다.

세계에서 가장 부유하고 힘센 나라의 폭격기가 지구상에서 가장 가난하고 비참한 나라 중 하나를 공습하는 것을 보고, 이슬람 국가들의 거리는 격분한 항의시위대로 들끓었다. 이슬람교 과격파만이 아니라, 이슬람 국가의 국민들 대부분이 전쟁에 반대했다.

전쟁은 그렇지 않아도 폭발 직전의 반미 감정을 갖고 있던 중동지역 사람들의 분노에 기름을 부은 격이었다. 이슬람 세계의 여러 나라를 폭격하고 그 지역에 미국 군대를 보내는 것은 더 큰 증오를 불러일으켜 미국에 대한 테러 공격을 증가시킬 뿐이다. 부시 대통령은 그 사실을 잘 알면서도 전쟁으로 치달아, 미국 국민을 더 큰 위험 속으로 몰아갔다.

이 전쟁에 대가가 따르지 않을 거라고 말한 적은 한 번도 없소.

'테러와의 전쟁'은 테러를 종결시킬 수 없다. 설혹 빈 라덴이 살해당했다고 하더라도 분노로 불타오른 또 다른 사람들이 미국을 중동지역에서 몰아내기 위해 결집할 것이다. 그리하여 폭력의 악순환은 점점 걷잡을 수 없는 지경까지 확대될 것이다.

양쪽의 전쟁광들은 전쟁을 확대시키고 싶어 몸이 근질근질한 거야.

미국은 국가로부터 자금을 제공받는 테러에 대해 특히 엄하게 대처할 것이라고 선언했지만, 이런 선언 자체가 매우 아이러니컬한 일이다. 게다가 테러와의 전쟁을 '악에 대한 정의'라고 표현하며 스스로를 정의라 칭하는 것은 더욱 우스꽝스럽다. 예를 들어, 부시 대통령은 지구상에서 테러리스트를 숨겨주는 국가를 반드시 밝혀내겠다고 다짐했다.

미국에는 충분한 자금력을 기반으로 쿠바에 대해 잔혹한 테러 공격을 해온 쿠바인 망명자 그룹이 존재한다. 실제로 마이애미는 이미 40년 이상 그들을 위한 군사작전 기지가 되어왔다.

부시는 테러리스트 색출을 플로리다에서도 시작할 수 있단다.

그게 무슨 뜻이에요?

1997년에는 그들이 아바나에 있는 몇몇 관광지를 공격해 이탈리아인 여행자 한 명이 죽었어요. 2000년에는 파나마에서 피델 카스트로 의장을 암살하려고 했죠.

42

미국 정부가 이들 테러조직의 증거를 확보해 적발하는 것은 결코 어려운 일이 아니다. 왜냐하면 CIA와 국방부가 그들 테러조직 구성원의 대부분을 양성했기 때문이다. 예를 들면 루이스 포사다 카릴레스와 올랜도 보쉬가 그들인데, 이들은 73명의 생명을 빼앗은 쿠바 민간항공기 폭파사건의 용의자이기도 하다.

⑧

"카스트로의 비행기는 모두 전투기다."

올랜도 보쉬, 1987년.

그들은 쿠바의 민간항공기 폭파가 정당한 행위라고 주장한다.

포사다 카릴레스는 항공기 폭파범 용의자로 재판을 받기 직전에 베네수엘라의 형무소에서 탈주해 CIA가 지원하던 니카라과의 콘트라 세력에게 무기를 공급하는 일에 관여했다.

CIA로 일한 경험이 그 일을 위한 추천장이 되어준 셈이지.

⑧

포사다의 공범자인 올랜도 보쉬는 미국 정부에 의해 오랫동안 '본국(쿠바) 송환'이 이뤄지지 않도록 보호받았다. 보쉬는 마이애미 항에서 배를 향해 바주카포를 쏘아 유죄 판결을 받았다. 그러나 당시 대통령이었던 아버지 부시(조지 H. 부시)는, 현 부시 대통령의 동생(제브)의 제안에 따라 보쉬가 미국에서 추방되지 않도록 하고, 플로리다에 안전한 은신처까지 제공한다는 문서에 사인했다. 보쉬는 맹세했다.

⑧

"다시 싸움에 참가하겠다!"

⑧

잠깐! 사실관계를 정정해 달라구! 내가 사면하는 대상은 자유를 위해 싸운 전사에 한해서야. 테러리스트는 사면하지 않아.

만약 현 부시 대통령이 테러리스트를 숨겨주는 모든 나라들을 진짜 밝혀낼 작정이라면 플로리다 지사인 동생에게 다음과 같은 최후통첩을 전달해야 할 것이다.

알겠니, 제브. 빨리 테러리스트를 쫓아내라. 안 그러면 내일 마이애미를 폭격할 거야.

포사다, 보쉬와 그 일당은 CIA의 후원을 받는 테러리스트 중 일부에 지나지 않는다. 폭파행위, 암살, 파괴공작, (전시가 아닌 때의) 대량학살 등 CIA의 '은밀한 작전' 대부분은 명백한 테러 행위이다. 이러한 행위와 관련된 어둠 속의 인물들은 지금도 세계 전역에서 CIA와 협력관계를 맺고 있다. 그러나 개중에는 옛 동지에게 반기를 드는 오사마 빈라덴 같은 사람도 있다.

⑧

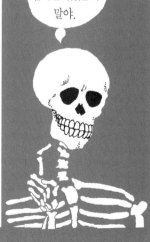

정말 유감이군. 아주 좋은 협력관계였는데 말야.

* 수취인이나 금액 등을 쓰지 않아 상대가 원하는 만큼의 금액을 써넣을 수 있는 수표. 즉, 군사비 관련 예산에는 상한선을 두지 않았다는 의미이다.

9월 11일 이후 미국의 해외 전쟁은 새로운 국면을 맞이했다. 폭력은 더 넓은 지역에서 계속적으로 일어날 것이며, 미국 내에 미치는 충격도 커질 것이다. '본토 방위'라는 기치는 FBI*와 기타의 사찰기관에 그동안 눈엣가시였던 민권 보호를 무시할 수 있는 절호의 구실이 되었다.

⑧⑥

국방부와 CIA는 세계 전역에서 전쟁이나 은밀한 작전을 지금까지 해왔던 것보다 자유롭게 할 수 있을 것으로 기대하고 있다.

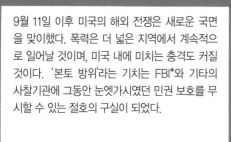

경찰기관들은 반정부적인 사람들을 좀더 쉽게 억압하고 싶어하지요.

미국의 적들이여! 조심하는 게 좋을 거다.

WAR GAME ROOM *2

그래. 이제부터는 무제한으로 해치워줄 테니.

하지만 잊어서는 안 될 게 있어. 미국 정부로부터 '적'이라든지 '테러리스트'로 지목된 사람들 명단에는 종종 자국에서 민주주의를 위해 싸우는 사람들이 포함돼 있다는 사실을 말야.

예를 들면 누구요?

넬슨 만델라*3가 대표적이지.

의회는 새로운 전쟁자금을 짜내기 위해 재정 적자를 피하려는 노력이나 사회보장제도 예산 유지를 포기해 버렸다. 육군, 해군, 공군은 '테러와의 전쟁'에 절대적으로 필요하다는 명목 하에 고가의 신무기 시스템 구입비를 타내려고 줄을 서서 기다리고 있다.

이것 없이는 싸울 수 없어!

본토 방위는 사활이 걸린 문제지!

공격당하기 쉬운 약점은 모조리 제거해야만 해!

45

* 미국 연방경찰.
*2 WAR GAME ROOM : 전쟁 게임방.
*3 남아프리카공화국의 아파르트헤이트 폐지를 요구한 흑인 지도자로, 1993년 노벨평화상을 수상했다.

황당무계한 '미사일방위계획(MD)'에 대한 의회의 반대운동조차 무산되었다.

미사일방위는 '테러와의 전쟁'과 마찬가지로 미국인을 위험에서 지킨다는 명분을 갖고 있지만, 실제로는 더 위험한 세계를 만들어 내려는 것이다. 다른 나라들이 미국은 언제라도 적의 미사일을 격추시킬 준비가 되어 있다고 생각하게 되면, 한편으로 자신들의 나라가 미국의 공격에 무방비 상태라고 생각할 것이다. 실제로 중국은 이미 미국의 '미사일방어망'을 돌파할 수 있는 고성능 미사일을 개발하겠다고 공언했다. 이런 식으로 나가면 아시아 지역에서 핵무기 개발경쟁이 불붙게 될 것이다.

⑧⑦

> 만약 중국이 핵미사일을 증산하면, 인도도 그렇게 하겠죠. 인도가 그렇게 하면, 파키스탄도 그럴 거구요. 만약 파키스탄이 그렇게 하면……

1972년 미국과 소련은 이런 의미 없는 군비확장 경쟁을 피하기 위해 ABM 조약(탄도미사일 방어에 관한 조약)에 조인했다. 그러나 그후 미국은 미사일방위를 추진하기 위해 일방적으로 이 조약을 파기해 버렸다. 미사일방위를 추진하는 사람에게 이런 조약은 어리석은 짓이었다.

이러한 정신으로 미 국방부는 공격받기 쉬운 지상설치형 미사일은 줄이는 한편, 잠수함 발사형 미사일을 생산하기 위해 몇십억 달러를 쏟아붓고 있다. 또 미 의회는 이미 세계 164개국이 조인한 핵실험금지조약(CTBT)의 비준을 거부했다.

⑧⑧

> 세계가 변했잖아. 군비확장 경쟁이라면 그 누구에게도 지지 않을 거야.

> H 나IㅁE미-거ㅐ

미국은 인류의 대부분을 멸망시키기에 충분한 파괴력이 있는 핵을 보유하고 있다.

> 그야 안전을 위해서지.

러시아 내의 핵 공격목표가 줄어들었기 때문에, 미 국방부는 '합리적으로 상정할 수 있는 모든 적'을 향해 미사일을 다시 조준하고 있다.

⑧⑨

> 이 또한 다른 나라들에게 "핵무기를 빨리 손에 넣지 않으면 큰일나겠군" 하는 위기감을 조성하고 있어요.

냉전이 끝난 세계 체제 속에서 미국은 군비에 관한 어떤 조약에도 구속되고 싶어하지 않는 것 같다. 생물무기 연구시설에 대한 국제적인 사찰을 피하기 위해, 미국은 1972년의 생물무기조약을 개정한 신의정서(新議定書) 조인을 거부하고 있다. 그리고 연구시설에서는 맹독 분말 탄저균을 포함한 치명적인 신종 병원균이 개발되고 있다. 고위급 정부관리는 세균무기의 개발이 그러한 무기로부터 방어할 방법을 연구하기 위한 것이라고 강변한다. 2001년의 탄저균 살포사건을 통해 세균무기가 미국 내에서 제조되고 있다는 사실이 알려졌다. 하지만 그전에는 개발이 공식적으로 부정되었다.

하지만 히로시마와 나가사키에 원자폭탄을 투하하고, 베트남과 쿠바에 천연두나 그 밖의 생물무기 사용계획을 세운 적이 있는 나라를 다른 나라들이 신뢰할 수 있을까?

⑨⓪

물론 우리가 이걸 사용하는 일은 절대로 없어!

⑨①

믿을 수 있겠냐고요.

미국의 '무기화된' 세균은 다른 나라 사람들만 위협하는 것이 아니다.

만약 국방부의 분말 탄저균 일부가 미국 내의 광신적인 사람들 손에 넘어간다면 어떻게 될까?

냉전시대 미국에는 군사대국 소련이라는 경쟁상대가 있었다. 하지만 오늘날에는 그러한 라이벌이 사라졌는데도 미국은 많은 군사비를 유지하고 있다. 미국 한 나라의 군사비는 현재 미국을 제외한 군사비 지출 상위 25개국의 비용을 더한 것보다 많다. 전세계 군사비의 36%를 한 나라가 지출하고 있는 것이다.

연간 군사비 지출(세계 4대 지출국)
미국 : 3,960억 달러
러시아 : 600억 달러
중국 : 420억 달러
일본 : 400억 달러

⑨②

세계 경찰로서 그 나름의 책임이 있지 않겠나?

제5장
군사주의의 비싼 대가

이 거대한 군사비를 유지하려면 비용이 많이 든다. 매년 미국은 여기에 수천억 달러의 비용을 쏟아붓고 있다.

2001년 3,080억 달러
2002년 3,510억 달러
2007년 4,700억 달러(예정)

396,100,000,000달러.
군사비 예산(2003년 회계년도). ㉝

1948년 이래로 미국은 군사력을 구축하기 위해 15조 달러 이상을 써왔다.

그러니까…

15,000,000,000,000달러라니! 도대체 얼마나 되는 돈이야? ㉞

세상에!

미국에 축적된 모든 부를 돈으로 환산해서 몽~땅 더한 것보다 많잖아.* ㉟

다시 말해서, 미국의 모든 공장, 기계, 도로, 다리, 상하수도, 공항, 철도, 발전소, 빌딩, 쇼핑센터, 학교, 병원, 호텔, 주택 등을 합친 것보다 많은 금액을 지난 40년에 걸쳐 군사비로 사용해온 것이다.

48

---

* 이 페이지 맨밑의 그림처럼, 주로 건축물 등 장기적으로 가치가 있는 자산(주식, 유형자산) 중에 현존하는 것을 이야기한다. 즉, 소비되어 가치가 사라져 버리는 서비스나 소비재의 가치는 포함되지 않는다. 또 토지나 광물, 석유 등의 천연자원도 들어가지 않는다.

그러면 미 국방부의 현재 예산이나 에너지성(省)의 핵무기 예산, NASA의 군사 관련 예산, 외국에 대한 군사원조, 퇴역군인에게 지급하는 연금, 과거 군사 관련 부채의 이자 지불, 그 밖의 이런저런 군사 관련비 등을 모두 합치면 얼마나 될까? 미국은 전쟁중독 때문에 매년 7,760억 달러* 이상을 소비하고 있다. ⑯

1분마다 1백만 달러가 넘는 돈을 쓰고 있군요.

이 지출이 무거운 부담이 되어 미국 국민들을 짓누르고 있다. 세계 최강의 군대를 만들어 내기 위해 한 세대당 평균 연간 4천 달러 정도의 돈을 '세금'으로 지불하고 있는 것이다. ⑰ *2

가계를 제대로 꾸릴 수 없는 이유를 이제야 알겠네.

엄마, 저거 사주세요.

더 필요하면 언제든 말만 하시오.

미국 의회가 국방부에 너무 인심이 좋다 보니……

사회복지 사업은 예산대로 돈을 받을 수 없다.

우리가 줄 수 있는 돈은 이것뿐이야. 예산은 한정돼 있어. 잘 알겠지?

다리, 도로, 상하수도는 나날이 노후화되고 있다. 정부가 유지에 필요한 예산을 충분히 배정하지 않기 때문이다. ⑱

버스요금은 올랐지만, 버스 대수는 오히려 크게 줄었다. 정부가 공공 교통기관에 대한 재정 지원을 줄이고 있기 때문이다. ⑲

* 한국의 2002년도 정부예산 총액(약 112조 원)의 일곱 배가 넘는 액수이다.
*2 The War Resisters League의 계산에 의하면, 연방정부의 세수 중 47%가 군사비로 사용된다. 1999년 연방정부의 세수입 총계(8,794억 8천만 달러)에 47%를 곱해서 1억 387만 4천 세대로 나누면, 1세대당 3,979.39달러를 내는 셈이다.
*3 미군에 입대하라는 권유를 담은 유명한 광고문구이다.

학교는 황폐한데다가 이미 정원을 초과했다. 도심의 몇몇 고등학교에서는 80%가 중도 퇴학하고 있다. 어른의 5분의 1 이상이 구직신청서나 도로표지판을 읽지 못한다. 그런데도 지난 20년 동안 학생 한 명당 교육비 지원액은 계속 줄어들고 있다.

⑩

돈이 부족하면 자선 바자회를 열면 되잖아.

물가의 급상승으로 국민의 건강관리도 위기에 빠져 있다. 4,300만 명이 전혀 의료보험에 가입하지 못하고 있으며, 수백만 명은 불충분한 보험에 겨우 가입한 상태이다. 점점 많은 사람들이 의료비를 지불하지 못해 의료혜택을 받지 못하고 있다. 하지만 공립병원은 차례로 폐쇄되고 있는 상황이다. 정부는 국민의 건강관리를 효과적으로 개선할 수 있는 의료개혁 대책에 그동안 게으름을 부려왔다.

⑩

보험 가입자 →

← 보험 비가입자

출구

접수

엄마, 아파요!

임산부의 5분의 1은 임신 중 정기검진 서비스를 받을 수 없다. 이것이 선진국 가운데 미국의 유아사망률이 가장 높은(일본의 2배) 원인 가운데 하나가 되고 있다. 미국에서는 빈곤이나 기아 때문에 50분마다 한 명의 어린이가 사망한다. 그러나 의회는 모자(母子)의 건강의료제도 확충 문제에 지독한 구두쇠 노릇을 하고 있다.

⑩

아가야, 사랑해!

그렇게 사랑한다면 어째서 돈을 주지 않는 거예요?

우웩!

나에게 표를!

집세 인상이나 임금 저하로 수백만의 가족들이 살던 집에서 쫓겨나기 직전이고, 수백만 명은 실제로 홈리스가 될 지경에 처해 있다. 그런데도 주택이나 홈리스 문제를 해결하기 위해 예산을 할당하는 것에 대해 워싱턴 사람들은 레이건 전 대통령과 똑같은 견해를 갖고 있는 듯하다.

⑩

저 사람들은 길거리에서 사는 게 좋은가봐!

로널드 레이건 전 대통령.

수백만 명의 사람들이 약물중독이나 알코올중독에 빠져 가정이 붕괴되거나 지역사회가 황폐화되고 있다. 공공시설은 너무나 부족해 도움을 구하는 사람들 가운데 극히 일부분조차 치료받을 수 없는 상태이다. 게다가 시설 대부분이 예산 부족으로 폐쇄되기 직전이다.

돈이 하나도 없다니까요.

어, 정말??

열두 척의 항공모함 전투부대를 위해서는 매년 수십억 달러나 배정하고 있잖아요!

매년 항공모함 한 척을 유지하는 데 쓰이는 돈이 10억 달러니까, 그 돈이면 해마다 1만 7천 채의 집을 지어 6만 7천 명에게 새로 살 곳을 제공할 수 있어요. ⑭

그리고 매년 160만 명의 임산부가 정기검진을 무료로 받을 수 있고, 수천 명의 아기들을 구할 수 있지요.* ⑮

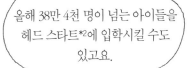

올해 38만 4천 명이 넘는 아이들을 헤드 스타트*²에 입학시킬 수도 있고요. ⑯

약물중독이나 알코올중독자들에 대한 집중치료를 33만 3천 명에게 실시할 수 있죠.*³ ⑰

51

* 임산부의 출산 전 검진 등에 한 명당 약 625달러가 든다.
*2 유치원생이나 초등학교 입학 전 아동을 대상으로 한 교육시설. 헤드 스타트의 한 명당 1년 교육비는 2,600달러이다.
*3 알코올중독 또는 약물중독의 집중치료를 개인병원에서 외래로 실시할 경우 한 명당 연간 약 3,000달러가 든다고 한다.

군사비 때문에 세금은 높아지고 사회복지는 빈약해질 뿐이지만, 문제는 그것만이 아니다. 미국은 핵무기를 만들기 위해 유례없이 지독한 환경파괴를 일으키고 있다. 최근 수십 년 동안 에너지성과 관련된 1백 곳 이상의 핵무기 제조시설이 방사성 오염물질을 대기중에 배출하고 있으며, 이것이 하천에 흘러들어 토양과 지하수를 오염시키고 있다.

핵무기 제조시설의 조업 관리자들은 이런 사실을 알면서도, 그 시설에서 일하는 사람들이나 인근 주민들이 치명적인 방사능 오염에 노출되도록 방치해 왔다. 오염에 대해 어떠한 주의도 주지 않은 채 말이다.

미국 정부는 이 방사능 오염물질을 제거하기 위해 2만 5천 명의 노동자를 투입해 적어도 30년 동안 작업해야 할 것으로 보고 있다. 비용은 3천억 달러 이상이 소요될 것으로 추측된다. ⑩

더 나아가 핵무기 실험은 미국 남서부와 남태평양의 광대한 지역에 치명적인 플루토늄을 흩뿌려놓았다. 그 실험에 참가한 45만 8천 명의 미국 병사들이 지금 암으로 죽어가고 있다. ⑪

그러나 미국 병사에서 문제가 끝나는 것이 아니다. 핵실험장 부근에 사는 일반 시민의 암 발생률도 일반지역에 비해 상당히 높다. 어느 연구에 따르면, 세계 전역에서 실시된 핵실험의 영향을 받아 20세기 말에 43만 명이 암으로 사망한 것으로 추측된다고 한다. ⑫

플루토늄은 수십만 년 동안 지속적으로 고도의 방사능을 내뿜는다고 합니다.

53

한편 미국 곳곳에 위치한 군사시설에서는 몇 십만 톤이나 되는 유해 폐기물을 무단으로 방류했다. 그 속에는 화학무기의 약품이나 네이팜탄, 폭약, PCB, 중금속이 포함돼 있는 데, 지속적으로 호수나 늪, 지하수를 오염시키고 있다.

군 관련 폐기물 투기장 가운데 반드시 오염을 제거해야 할 곳이 11,000군데에 이른다. 그것을 제거하기 위해서는 1천억에서 2천억 달러가 필요하다. ⑬

그렇군! 이런 곳은 전부 철책으로 둘러쳐야 해. 그리고 '국가안전보장을 위해 순직한 지역'으로 부르자구.

위험 출입금지 유해폐기물

이 사람 지금 농담하는 거 아니에요. 제정신으로도 이런 제안을 하는 사람이 꽤 된답니다.

미국 국민이 대부분 군사주의를 위해 비싼 비용을 지불하고 있다. 그 중에서도 가장 큰 희생을 강요당하는 대상은 바로 해외 전쟁에 파견된 수백만 명의 일반 병사들이다.

1950년 한국전에 파병된 이래 외국 전쟁에서 10만 명 이상의 미국 병사가 사망했다. ⑭

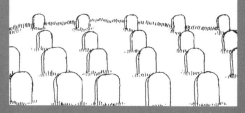

게다가 수십만에 이르는 병사들이 부상을 입었고, 대부분 회복 불가능한 신체장애자가 되었다. 또한 걸프전에 참전한 사람들 거의가 '걸프전 증후군*'으로 고통받고 있다.

* 걸프전에서는 열화우라늄탄 같은 방사능을 함유한 무기나 다양한 화학무기가 사용되어 참전 병사에게 정체불명의 질병을 유발시키고 있다. 이라크인들의 피해는 더욱 심각하다.

게다가 살아남은 병사들조차도 머릿속에서 전쟁의 악몽을 떨치지 못하고 있다. 50만 명에 이르는 베트남전 귀환병들은 무서운 전쟁의 기억으로 정신적 고통에 시달리고 있다. 전쟁이 끝난 후 자살한 미군의 숫자가 베트남 전쟁에서 사망한 미군보다 많다.

⑮

전쟁은, 전쟁이 일어나지 않을 때도 전사자를 만들어요.

매년 1,000명 이상의 미군이 사고로 생명을 잃고 있다. 항해 도중 화재로 숨지거나, 전차에 깔려서 죽거나, 대포 발사 연습을 하다가 목숨을 잃는 것이다.

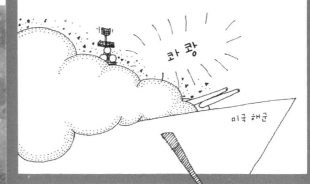

수십만에 이르는 귀환병들이 홈리스로 살아가고 있다.*

⑯

또 휘몰아치는 바람 속에서 공중낙하 훈련을 하다 목뼈가 부러지거나, 결함이 있는 헬리콥터를 타다가 추락사를 당하기도 한다.

⑰

그들은 모두 워싱턴 전쟁중독의 희생자인 셈이다. 그 희생은 더욱 늘어나고 있다.

매년 수백 명의 군인들이 자살하고 있습니다.

물론 누구도 '돼지(grunt)'*2같이 경멸당하고 취급되기를 원치 않을 것이다. 더구나 개죽음 당하기를 원하는 사람이 세상에 있을까?

빵야, 빵야, 죽어라!

55

---

* 정부의 추정에 의하면, 일일 기준으로 평균 15만 명에서 25만 명의 귀환병이 홈리스로 생활하고 있으며, 1년 간의 연인원은 그 배가 될 것이라고 한다.
*2 미국 군대 속어로, 해병대나 보병을 일컫는다. '돼지가 꿀꿀거리다'의 뜻도 있다.

TV 프로그램이나 영화, 게임 제작자, 장난감 회사 등은 살인을 명예로운 행위, 유쾌한 사건으로 생각하게 만든다.

고등학교 교장들은 마약 밀매인이나 매춘업자, 기타 위험인물로부터 어린이들을 보호한다는 명목 하에 교문을 걸어잠그고 무장 경비원을 고용한다. 그러나 최고의 위험인물(군대 취업을 알선하는 사람)은 환영하며 맞아들인다.

군대에 들어가라고 권유하는 이 알선인들은 멋진 팸플릿과 꿈으로 가득 찬 약속을 가져오지만, 실제로는 중고차 세일즈맨만큼도 정직하지 않다.*

신병이 군대생활의 실상이 어떤 것인지 알아차릴 때쯤에는 이미 덫에 걸려 꼼짝도 할 수 없는 상태에 직면하고 만다.

전쟁이 한창 진행 중인 전선에 서는 사람들은 대개 일자리를 찾지 못하고 대학에 갈 돈도 없는 청년들이다. 그들 대부분은 가난한 노동자의 아들이다. 그리고 아프리카계 미국인이나 멕시코계 미국인, 푸에르토리코인, 아메리카 원주민 등 소수민족의 비율이 이상하리만치 높다. 그 결과 전쟁에서 죽는 사람은 거의 절반 정도가 빈곤층 출신이다.

* 미국의 중고차 업계는 과대 광고나 강제 세일즈로 매우 평판이 나쁘다.

미 국방부에 막대한 예산을 쏟아붓는 것은, 대부분의 다른 사람들에게는 지갑이 가벼워진다는 것을 의미한다.

국세청

미 국방부

그러나 일부 사람들에게는 정반대의 효과를 가져다준다.

전쟁이익

10만을 넘는 기업이 미 국방부라는 우리에서 먹이를 찾아 헤맨다. 그러나 대부분의 큰돈은 소수의 몇몇 기업으로 흘러들어간다.

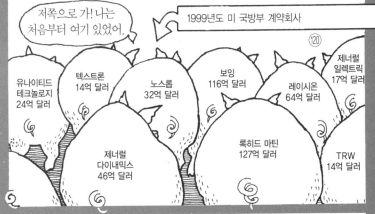

저쪽으로 가! 나는 처음부터 여기 있었어.

1999년도 미 국방부 계약회사

⑫

유나이티드 테크놀로지 24억 달러

텍스트론 14억 달러

노스롭 32억 달러

보잉 116억 달러

레이시온 64억 달러

제너럴 일렉트릭 17억 달러

제너럴 다이내믹스 46억 달러

록히드 마틴 127억 달러

TRW 14억 달러

이들 기업은 미 국방부 덕분에 큰돈을 벌어들이고 있다. 따라서 워싱턴의 친구나 은인들에게 그것을 약간씩 나눠준다 해도 아무렇지 않은 것이다.

⑫

국방부를 축복하며 건배! 한 개에 13센트 하는 볼트를 2,043달러에 팔 수 있는 유일한 곳이지!

미국의 부통령이자 조지 W. 부시 대통령(아들)의 최고 보좌관이기도 한 딕 체니는 군산복합체*를 팔아 큰돈을 번 덕에 출세가도를 달린 정치가 중 한 사람이다. 조지 H. 부시 전 대통령(아버지) 아래에서 국방부 장관으로 걸프전을 지휘한 다음, 할리버튼 사의 사장에 임명되었다. 할리버튼은 중동에서 대규모 장사를 하는 세계 최대의 석유굴착기 판매회사로, 걸프전에서 큰돈을 번 회사 가운데 하나이다. 또한 이 회사는 거대한 군수회사이기도 하며, 군사기지 건설 등 전쟁터의 일을 청부받아 수십억 달러의 큰돈을 벌어들이고 있다. 체니 덕분에 할리버튼의 정부계약은 급격하게 늘었다.

⑫

이 일에 딱 맞는 인물이군!

58

* 군사산업의 유지·발전을 위해 기업과 군대로 구성된 이익추구 집단. 이 말은 아이젠하워 대통령의 1961년 퇴임연설에서 처음 사용되었다고 한다.

체니는 해마다 수백만 달러나 되는 연봉과 주식을 보수로 받았다. 그는 4,500만 달러 상당의 할리버튼 주식을 소유하고 있다. 개인으로서는 최대의 주주이다. ⑫

체니는 이 밖에도 두 개의 큰 운수산업 회사(TRW와 EDS)의 중역이 되었다. 그의 아내 린은 록히드 마틴 사의 중역이 되었다. 체니가 백악관에 복귀한 다음 록히드 마틴 사는 군수계약 사상 가장 큰 계약(수천억 달러어치의 가치가 있는 차세대 전투기 제조계약)을 성사시켰다. '테러와의 전쟁' 와중에서 가장 탐욕스런 인물이 체니라는 사실은 의심의 여지가 없다. ⑫

전쟁 지지자들의 최전선에는 은행가, 기업 경영자, 정치가, 장관급 군인들이 있다. 그들에게 왜 그렇게 전쟁을 하려 하느냐고 물으면, 고결하고 사욕 없는 대답이 돌아올 것이다.

그러나 전쟁을 하려는 그들의 진짜 동기는 그렇게 고상한 것이 아니다.

제6장 군사주의와 미디어

일부 사람들에게 전쟁은 돈벌이와 해외투자를 위한 절호의 기회이다.

하지만 보통 사람들에게 전쟁은 늘어나는 세금과 죽음의 잔치에 지나지 않아요.

그렇기 때문에 대부분의 사람들이 전쟁 상인들만큼 전쟁에 적극적이지 않다는 사실은 그다지 놀랄 일이 아니다.

어때?

네에… 글쎄요. 생각해보지요.

지구 반대편에서 벌어지는 전쟁에 대한 국민의 지지를 얻는 것은 쉬운 일이 아니기 때문에, 정부와 홍보담당자는 모든 수단을 동원해 전쟁에 협력하도록 국민을 설득해야 한다. 전쟁을 빨갛고 하얗고 파란 색깔의 성조기에 싸서 내밀며 애국자의 의무라고 국민의 선택을 요구하는 것이다.

그들은 적을 무서운 모습으로 그려 보여준다.

믿을 만한 소식통에 따르면 오늘, ○○○는 저녁식사로 애를 잡아 먹는다고 합니다.

○○○에 말을 채워보세요.

⑥⓪

월리엄 랜돌프 허스트*의 시대부터 전쟁을 찬미하는 메시지가 미디어를 통해 국민들에게 전달되기 시작했다.

그러나 신문업계, 라디오 방송국, 이제 막 생긴 텔레비전 업계가 새로이 출현한 군산복합체에 완전히 통합된 것은 제2차 세계대전이 끝난 뒤부터였다.

미국의 힘은 달러로 무장한 군사력에서 생겨난다.
자유공채를 사자. 군자금을 제공하자. (1917년)

전형적인 허스트류 저널리즘.

'냉전'의 진행과 더불어 이 군산복합체에 안성맞춤인 일이 부여되었다. GE의 회장 찰스 윌슨(트루먼 대통령은 그를 방위동원국의 책임자로 임명했다)은 1950년 신문발행협회 석상에서 이 일의 목적을 노골적으로 드러냈다.

" '자유세계가 지금 무서운 위험에 직면해 있다는 것'을 국민이 납득하지 않는 한, 이 위험을 회피하기 위해 소비되는 막대한 예산을 의회가 가결하는 것은 불가능하다. 미디어가 선도하는 여론의 지지를 받아야 비로소 우리는 좋은 출발을 할 수가 있다. 재난을 피할 수 있는 유일한 방법은 국력을 증강하는 것이라고, 계속해서 국민을 설득하는 것만이 당신들과 나의 일이다."
(125)

GE의 찰스 윌슨 회장과 그의 추종자들은 당연히 대규모의 군비 증강을 열망하고 있었다.

61

* 미국의 대부호로, 몇 개 신문사의 사주이다. 오손 웰스가 감독·주연한 영화 '시민 케인'의 모델이기도 하다.

GE는 세계 전역에 거액의 투자를 하고 있었는데, 이는 미 국방부가 재산을 지켜준다는 것을 전제로 했다. GE는 군산복합체가 만들어질 당시부터 계속 그 일원으로 활동해왔다.

미국 내에서 세 번째로 큰 군수기업인 GE는 해마다 군수물자 판매로 수십억 달러를 벌어들이고 있다. 미국의 무기고에 있는 모든 핵무기 부품과 군용기 제트엔진을 제조하며, 미 국방부를 대상으로 고수익이 보장되는 다양한 전자기기를 개발하고 있다. 또 워싱턴 주에 있는 핸포드 핵무기 시설에서 수백만 퀴리*에 이르는 매우 유해한 방사능을 몰래 방출하거나, 미국의 시골 여기저기에 결함투성이의 원자력발전소를 건설하기도 했다.

이만하면 충분한 자격이 있지.

"저희는 생활에 도움이 되는 것을 제공합니다."

GE는 윌슨 시대부터 미디어 이용에 매우 큰 관심을 갖고 있었으며, 1954년에는 로널드 레이건*2이라는 연기 서툰 배우를 고용하여 회사를 홍보했다.
GE는 레이건 부부에게 모든 것이 가전화(家電化)된 집을 사주고, 특히 남편인 로널드에게는 'GE 극장'이라는 자사 제공 텔레비전 프로그램의 쇼를 진행하게 했다.

또 레이건에게 미국 국민에 대한 GE의 정책 메시지를 전달하는 대중연설을 담당하게 하고, 이 메시지를 확산시키기 위해 전국을 순회하도록 했다. 이후로 레이건은 대중연설을 통해 자신의 입지를 키워나갔다.

⑫⑥

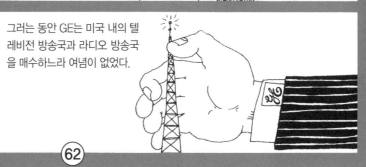

그러는 동안 GE는 미국 내의 텔레비전 방송국과 라디오 방송국을 매수하느라 여념이 없었다.

62

* curie. 방사능의 단위이다.
*2 1911년생으로, 그다지 주목받지 못한 배우로 출발해 영화배우협회 회장, 캘리포니아 주지사, 그리고 제40대 미국 대통령이 되었다.

1986년 GE는 텔레비전 네트워크 NBC를 매수했다. ⑫

안녕하십니까! 톰 브로코입니다. NBC 저녁 뉴스를 전해드리겠습니다.

만약 찰스 윌슨 회장이 살아 있다면, NBC의 프로그램 편성에 만족할 것이다. 이 네트워크는 매우 교묘하게 대중의 의견을 윌슨 회장이 지시한 방향으로 유도한다. NBC만이 아니다. 채널 대부분이 같은 메시지를 내보내고 있다.

우리 작전은 예정대로 추진되고 있다.

우리 작전은 예정대로 추진되고 있다.

우리 작전은 예정대로 추진되고 있다.

걸프전이 끝난 뒤 부시(아버지) 정권의 전쟁 입안자 중 고위직에 있던 한 사람이 저명한 저널리스트들을 모아놓고, 그들의 협력에 감사의 뜻을 전했다. ⑬

"(텔레비전은) 정책을 파는 주요한 도구였습니다."

리처드 하스, 국가안전보장회의, 1991년.

분명히 그것은 맞는 말이었다. 우리는 엑슨과 GE가 제공하고 미 국방부가 승인한 24시간짜리 전쟁 생방송을 매일 접하며 생활했던 것이다.

대령님, 이 첨단 무기들로 개인의 생명을 구할 수 있을까요?

전쟁이 시작되면 미디어는 겉치레뿐인 객관주의마저 팽개쳐 버린다.

폭격이다! 날려 버려라! 해치워라!

오랜 기간 PBS*와 NBC의 뉴스 프로그램을 담당했던 로렌스 그로스만은 보도의 역할에 대해 다음과 같이 표현했다.

"대통령의 일은 정치과제를 결정하는 것이고, 보도업무는 그것을 좇아가는 겁니다."

⑫⑨

왜 텔레비전 보도는 모두 똑같을까?
왜 백악관이 군대를 해외에 보내기로 결정할 때마다
미디어도 전쟁에 열을 내는가?

누가 네트워크를 쥐고 있느냐와 관계가 있겠지요.

미국의 텔레비전 방송국은 대기업들이 각각 소유하고 있다. NBC는 GE가, CBS는 비아콤이, ABC는 디즈니가, CNN은 AOL 타임 워너가 소유하고 있다. 또 이들 거대기업의 임원들은 군수산업체 임원이거나 선 마이크로시스템스, EDS, 루슨트 테크놀로지, 프루덴셜 같은 세계 전역에서 장사를 하는 기업의 임원이기도 하다. ⑬⓪

우리 네트워크는 당신들이 알 필요가 있는 것을 모두 전해드립니다.

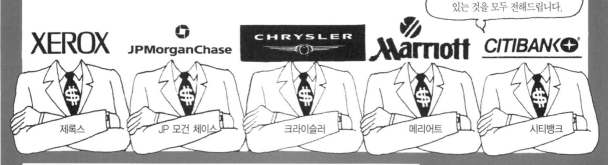

제록스   JP 모건 체이스   크라이슬러   메리어트   시티뱅크

일반 시민들이 접하는 뉴스 대부분(전쟁이나 평화, 기타 모든 사건에 관해서는) 대기업의 이해를 대변하는 미디어의 가치관에 따라 편집된다. 확실히 정부와 미디어는 여론 형성에 심대한 영향력을 행사하고 있다.

하지만 그 영향력이 그들이 바라는 만큼 완벽하진 못하죠.

모든 사람들이 대통령을 지지하고 있습니다.
흠~ ○。。

* 전미 공영 텔레비전 방송망.

제7장
군사주의에 대한 저항

19세기 미국의 멕시코 전쟁, 스페인 전쟁 이래로 미군의 해외 파병에 대한 반대의견이 지속적으로 있어왔다. 반전운동이 가장 고조된 것은 필리핀 침략전쟁 때였다.

"미국이 필리핀을 해방시키기 위해서가 아니라, 정복을 목적으로 전쟁을 벌인다는 사실을 알고 있다. 그러므로 나는 반제국주의자이다. 나는 침략전쟁을 벌이는 것에 단호히 반대한다. … 미국의 우수한 젊은이들이 더럽혀진 깃발 아래 불명예스러운 총사(銃士)로 전락하여 다른 나라로 송출되는 것에 강한 불쾌감을 느낀다."

(131)

마크 트웨인*
반제국주의자동맹 부회장, 1900년.

찰스 윌슨의 시대를 되돌아보자. 그는 미디어를 이용해 한국전쟁에 대한 지지를 얻으려고 획책했다. 처음에는 잘되는 듯했지만, 그 뛰어난 수완을 가지고도 국민의 지지를 그리 오래 받지는 못했다. 참전 병사가 시쳇자루에 담겨 귀국하기 시작하자, 대다수 국민들은 전쟁을 반대하는 쪽으로 기울었다.

베트남 전쟁 때에도 정부와 미디어는 국민의 지지를 끌어모으기 위해 모든 수단을 동원했다. 그러나 전쟁이 확대되면서 미국 역사상 최대 규모의 반전운동이 일어났다. 반전운동은 처음에는 작은 규모에 지나지 않았지만, 매우 단호했다.

내 아들을 돌려줘! 지금 당장.

*2

BRING OUR MEN HOME

65

---

* 남북전쟁 이후 미국 리얼리즘 문학을 대표하는 소설가(1835~1910년). 대표작으로 『톰 소여의 모험』, 『왕자와 거지』 등이 있다.
*2 플래카드에 "남자들을 돌려다오"라고 씌어 있다.

베트남전의 참상이 널리 알려지면서 반전운동은 폭발적으로 확산되었다.

1969년 말까지 수도 워싱턴을 향해 반전 데모 행진을 한 사람들은 모두 75만 명에 이르렀다. 이 밖에도 방방곡곡에서 수백만에 이르는 사람들이 반전 데모에 참가했다.

1970년 5월 경찰부대와 국가경비대가 반전 데모대를 향해 발포함으로써 오하이오 주 켄트 주립대학에서 4명, 미시시피 주 잭슨 주립대학에서 2명의 대학생이 사망했다. 이러한 폭거에 반발한 학생들은 전미 400개 대학에서 동맹휴학(미국 사상 초유의 대학생에 의한 총파업)을 결행했다.

1971년 8월 멕시코계 미국인들이 중심이 되어 벌인 일시휴전을 요구하는 집회에서 3명이 경관에게 맞아 사망한 사건이 일어나자, 반전 데모그룹은 사흘에 걸쳐서 동 로스앤젤레스 지구를 돌며 분노를 표시했다.

반전운동은 다양한 형태로 펼쳐졌다. 전쟁세 납부를 거부한 사람들도 있었다.

징병카드를 불태우는 사람들도 있었다.

끔찍해. 전쟁 따위엔 절대 안 나가!

가장 유명한 징병 거부자*는 전설적인 권투 선수 무하마드 알리*2였다.

나는 백인의 전쟁에는 나가지 않는다!

전장으로 향하는 군대나 물자를 실은 열차를 세우려고 선로를 봉쇄한 사람들도 있었다.*3

1971년에는 3일 동안 워싱턴 D.C.를 봉쇄하려는 시도가 있었다. 이로 인해 1만 4천 명이 체포되었다. ⑬⁴

미국 역사상 체포자 수가 가장 많았어요.

미 국방부의 입장에서 더욱 심각한 문제는, 베트남 전선에서 싸우는 군대의 규율이 흐트러지고 있다는 것이었다. 무엇을 위해 싸우는지 알 수 없게 된 병사들은 전의를 상실하고 말았다. 1960년대 말쯤에는 병사 대 지휘관 사이에 사실상의 내전이 일어날 지경이었다. 어떤 군사 전문가는 미 국방부에 대해 현지 부대의 상황을 다음과 같이 보고했다.

⑬⁵ ⑬⁶

"모든 상황을 고려할 때, 베트남에 주둔 중인 우리 군은 현재 붕괴 직전입니다. 전투를 피하려는 것뿐만 아니라 전투를 거부하는 부대가 있으며, 상관이나 하사관을 살해하는 병사들조차 있습니다. 반란을 일으킬 정도는 아니더라도 부대에 약물중독이 만연하여 병사들은 완전히 사기를 잃었습니다."

로버트 하인 대령, 미 해병대 퇴역, 1971년.

탈주병이나 허가 없이 부대를 이탈하는 병사가 속출했고, 부대간의 조직적 저항도 증가해갔다. 국내외의 미군기지에서는 병사들을 상대로 한 지하신문이 수백 종류나 나돌았으며, 병사들이 대오를 짜고 반전 데모의 선두에 서서 행진하는 상황이 벌어졌다.

67

* 미국에서는 전시에 부정기적으로 징병을 실시한다.
*2 프로복싱 전 헤비급 세계 챔피언. 이슬람교로 개종한 후 원래의 이름 캐시어스 클레이를 무하마드 알리로 바꾸었다.
*3 『레그스』의 저자 브라이언 윌슨은 무기를 실은 열차를 세우려다 두 다리를 잃었다.
*4 FTA : Fuck The Army의 약어.

전쟁터에서 돌아온 베트남 귀환병들은 입을 모아 전쟁의 공포를 국민들에게 호소하고, 정전을 촉구하는 활동을 조직화하기까지 했다. 1971년 4월에는 1천 명 이상의 베트남 귀환병이 워싱턴 국회의사당에 모여, 베트남전에서 받은 훈장을 다시 가져가라며 내던졌다.

그래서 1960년대 말경까지는 국민의 과반수가 전쟁에 반대했죠.

이 시기의 반전운동은 미국 내의 아프리카계, 라틴계, 아메리카 원주민 등에 대한 반차별운동이나 여성해방운동까지 이끌어내어 불평등한 사회체제 전반에 대한 저항운동으로 발전했다.

반전의 목소리가 높아지자 미국 정부는 베트남에서 철수하지 않을 수 없게 되었다.

"우리의 최대 약점은 미국 국민의 목소리다. 국민들은 눈앞에서 큰 상실을 보면 동요하고 만다. 그런 국민들의 목소리로 인해 정권이 무너지는 일도 있을 수 있다."

린든 존슨 대통령, 1968년.

베트남 전쟁으로 국민들 사이에 반군사주의적 감정이 확산되었다. 정부 관계자는 이러한 경향을 비웃기라도 하듯이 '베트남 증후군'이라고 명명했다.

그 분통터지는 병 얘기는 하지 말아줘!

부시 대통령(아버지)이 페르시아 만 침공(걸프전)의 도화선에 불을 당겼을 때, 국민은 그것이 무엇을 의미하는지 재빨리 알아차렸다. 대부분의 사람들이 전쟁에 반대했으므로, 미국 역사상 유례없는 속도로 반전운동이 들끓어올랐다.

거리는 금세 데모대로 가득 찼어요.

전쟁이 개시되자 샌프란시스코와 워싱턴 D. C.에서 수십만 명의 사람들이 곧바로 반전 데모에 참여했다.

미국 정부는 폭격을 계속하면서 전쟁지지 집회를 개최하려고 애썼지만, 참가자는 아주 적었다.

바그다드 따위는 주차장으로 만들어 버려라!

사막의 폭풍 작전

폭탄이 투하되기 시작하자 미디어에서는 전쟁을 찬미하는 대규모 캠페인으로 반전활동을 억누르는 작전을 펼쳤다. 반전운동은 미군을 궁지로 몰아넣을 위험성이 있다는 것이었다.

애초에 우리를 위험에 빠뜨린 건 부시였어. 미디어는 그걸 잊은 걸까?

위험에서 벗어나기 위해서라면 이 땅에서 탈출하는 게 제일 빠를걸!

부시 대통령(아버지)은 전사자의 수가 아직 많지 않을 때 전쟁을 종결하는 게 낫다는 걸, 그렇지 않으면 국민의 강한 반발을 사리라는 걸 잘 알고 있었다. 그래서 이라크가 반격하는 대신 철수를 결정하고, 이라크 측에만 대량의 전사자가 나온 상태에서 전쟁이 끝나자 매우 만족해했다. ⑬⑨

"이제야 겨우 베트남 증후군을 완전히 떨쳐 버렸다!"

조지 H. 부시, 1991년 2월.

조지 W. 부시 대통령은 아버지의 결론을 검증해보고 싶을 것이다. 그래서인지 그는 테러와의 전쟁이 긴 여정이며, 많은 사상자를 낼 피비린내나는 사태가 될 것이라고 예고했다. 또 아프가니스탄에서의 전쟁은 "테러와의 전쟁의 막이 오른 것에 지나지 않는다"고 선언했다. ⑭⓪

"전쟁은 다양한 장소에서 진행될 것이다. 각 나라의 정부를 테러로 위협하려는 자가 있는 한 전쟁의 필요성은 사라지지 않을 것이다." ⑭①

조지 W. 부시, 2001년 10월 17일.

부시 대통령의 말이 진심이라면 앞으로 끝없는 전쟁시대가 다가올 것이다. 테러의 위험이 사라지지 않는 한 전쟁이 계속된다면, 우리가 사는 동안에 테러도 전쟁도 사라지지 않을 것이다. 부시 대통령이 잔뜩 허풍을 떨고 있을 뿐인지 몰라도, 그의 측근들은 진심으로 외국을 차례차례 공격 목표로 삼는 '중단 없는 전쟁의 시대'라는 미래 세계를 구상하고 있는지도 모른다.

딕 체니는 그런 미래 세계를 구체적으로 그리는 한 사람이라 할 수 있다. 그는 비밀 지하 벙커에서 모습을 드러내며 '테러와의 전쟁'은 장기간에 걸쳐 진행될 것이라고 경고했다.

"이 전쟁은 끝이 없을지도 모른다. 적어도 우리가 살아 있는 동안에는…." ⑭②

CHENEY

체니, 2001년 10월.

나아가 그는 끝없는 전쟁에서는 테러리스트에 대한 만반의 준비가 필요하다고 말한다. ⑭③

"미국 역사상 처음으로 최대 규모의 사상자가 국내에서 발생하리라 예상된다. 그 수는 해외로 파견되는 병사의 사망자 수를 상회할 것이다."

체니, 2001년 10월.

즉, 체니 부통령은 미국 국민이 몸수색과 같은 엄중한 경비와 단속에 익숙해져야 하고, 시민의 자유를 희생해야 한다고 말하고 있다.

"우리는 대처해 나가야 한다. …그것은 이제 영구적으로 우리 생활의 일부가 되는 것이다."

체니, 2001년 10월. ⑭④

그렇게 되면 미국은 더욱 큰 보복공격을 받게 되지 않을까?

2001년 9월 11일 이후로 미국인은 테러리스트의 공격에 대한 공포로 떨고 있다. 부시 대통령의 호전적인 말 한마디 한마디가 수많은 미국인들의 마음을 사로잡았다. 그러나 '테러와의 전쟁'이 길어지면 어떻게 될까? 과연 한국전쟁이나 베트남 전쟁 때보다 오랫동안 전쟁을 지지하는 분위기가 이어질까? 부시 대통령 자신조차 그것을 걱정하고 있다. ⑭⑤

"아마도 국민은 조만간 '테러와의 전쟁'에 염증을 낼 것이다."

조지 W. 부시, 2001년 10월 17일.

부시 대통령과 체니 부통령이 제안하는 미래 세계는 너무나 냉혹하고 잔혹하지 않은가? 전쟁은 테러리스트들의 흉악한 행위를 더 크게 불러올 것이고, 그에 대항한 전쟁이 또다시 일어날 것이다. 그것은 또 새로운 테러를 파생시킬 것이다. 의식 있는 사람들은 이와 같은 폭력과 보복의 연쇄반응이라는 함정에 호락호락 말려들기를 결코 바라지 않을 것이다.

2001년 9월 워싱턴 D. C.에서는 미국의 아프가니스탄 전쟁계획에 항의해 수천 명이 모여 집회를 가졌다.

'테러와의 전쟁'은 군사주의라는 부끄러운 역사의 연장일 뿐이다. 군사주의는 제국주의의 피비린내나는 추종자이다. 우리는 이 전통이 계속되는 것을 진정 용납해도 되는 걸까?

당신이 중근동의 하늘을 날아다니는 폭격기 안에 있든, 언제 폭파사건의 희생양이 될지 모르는 뉴욕에 살고 있든, 군사주의자들이 전쟁을 부채질하며 당신의 생명을 위험에 빠뜨리려고 할 때마다 다음과 같은 질문을 스스로에게 해보면 어떨까?

이 전쟁중독이 미국 국민과 전세계 사람들을 도대체 어떤 지경에 빠뜨리고 있는가?

도대체 그 비용은 또 얼마인가?

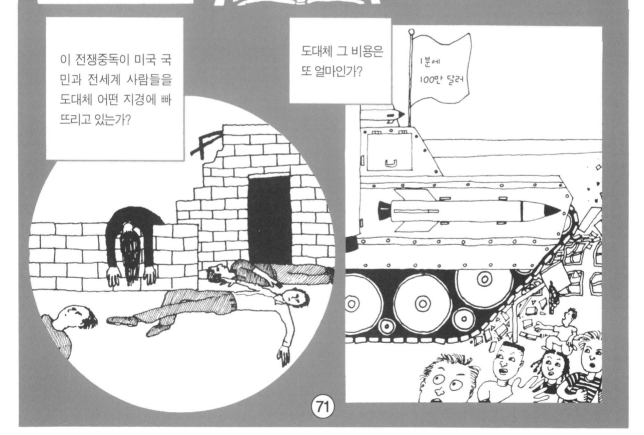

　　내가 이 책의 초판인 1992년판을 처음 읽은 것은 2년 전이다. 이 책을 읽자마자 나는 100권을 주문하기로 마음먹었다. 책이 너무나 좋았기 때문이다. 그러나 책이 품절되어 구입하지 못했다. 나는 이 책의 저자인 조엘 안드레아스를 만나 개정판을 내자고 설득했다. 이렇게 해서 AK 출판사의 도움을 받아 2002년 4월에 개정판이 나오게 된 것이다. 이 책에 대한 반응은 가히 폭발적이었다. 9개월 만에 4만 5천 권이 판매된 것이다.

　　『전쟁중독』은 많은 고등학교와 대학에서 교과서로 사용되고 있다. 평화단체들은 반전집회와 강연 등 크고 작은 행사에서 이 책을 판매하고 있다. 또한 학교와 교회, 공공 도서관에도 이 책이 등장하고 있다. 진보적인 독립서점, 전국 체인망, 만화가게 등 갈수록 많은 서점들이 이 책을 비치하고 있다. 개개인들은 친구와 동료, 친척들에게 이 책을 주기 위해 몇 권씩 주문하고 있기도 하다. 나는 얼마나 이 책을 사랑하는지를 전하려는 수많은 전화와 이메일, 편지를 독자들로부터 받아왔다! 『전쟁중독』은 일본에서도 베스트셀러가 되었고, 곧 한국어와 스페인어로도 출판될 예정이다. 다른 언어들로도 출판을 준비하고 있다. 우리는 또한 시디롬도 만들고 있고, 프로덕션 스튜디오에서는 애니메이션 다큐멘터리 비디오를 제작하고 있다. 라디오 방송도 준비 중이고, 무대에 올리자는 제안을 받기도 했다. 이러한 모든 작업들은 전 세계의 더 많은 사람들에게 이 책의 반전 메시지를 전달하도록 도울 것이다.

　　나는 슬프고도 고통스러운 미국 군사주의의 진실을 폭로한 아주 강력한 교육적 도구를 우리에게 선사한 조엘 안드레아스에게 감사를 표하고자 한다. 또한 일본어판을 만드는 데 헌신적인 노력을 한 기쿠치 유미에게도 감사의 뜻을 표한다. 우리는 영광스럽게도 미국의 가장 용감한 평화 교육자와 활동가들로부터도 이 책의 가치를 인정받았다. 특히 이 책의 출판 시작 단계부터 도움을 준 S. 브라이언 윌슨을 비롯해 나의 친구들과 가족에게도 고맙다는 말을 전한다.

　　마지막으로 이 책에서 언급된 문제들에 대해 관심을 갖고 있는 독자 여러분들에게도 감사의 뜻을 표하고자 한다. 여러분이 이 책을 통해 미국의 의식을 바꾸는 데 도움을 줄 수 있기를 바란다. 교실에서도 읽힐 수 있도록 교사들에게도 이 책을 전해주었으면 좋겠다. 정치가나 언론 종사자에게도 이 책을 보내 미국과 세상을 바꾸는 데 동참하도록 요구하자. 친구들에게도 가족들에게도 이 책을 보여주길 바란다.

　　교육은 세상을 바꾸는 열쇠이다. 이러한 일은 결국 우리 스스로에게 달려 있다. 전세계의 사람들이 전쟁에 중독된 미국이 바뀌기를 믿고 의지하고 있지 않은가?

2003년 2월
프랭크 도넬

Photograph and Drawing Credits ▶ ▶ ▶

Reference Notes ▶ ▶ ▶

1. For updated information on the U.S. military budget, see Center for Defense Information, www.cdi.org/issues/budget.

2. Giles cited in Howard Zinn, *A People's History of the United States* (New York: Harper-Collins, 1980), p. 153.

3. Zinn, pp. 125-146; Dee Brown, *Bury My Heart at Wounded Knee: An Indian History of the American West* (New York: Holt, Rinehart and Winston, 1971).

4. Black Elk cited in Brown, p. 419.

5. Zinn, pp. 147-166.

6. Denby cited in David Healy, *U.S. Expansionism: The Imperialist Urge in the 1890s* (Madison, WI: University of Wisconsin, 1970), pp. 122-123.

7. Platt cited in Healy, p. 173.

8. Roosevelt cited in Zinn, p. 290.

9. Zinn, pp. 290-305; Beveridge cited in Zinn, p. 306.

10. Beveridge cited in Healy, p. 174.

11. Beveridge cited in Rubin Westin, *Racism in U.S. Imperialism* (Columbia, SC: University of South Carolina, 1972), p. 46.

12. Zinn, pp. 305-313; Michael Parenti, *The Sword and the Dollar* (New York: St. Martins Press, 1989), pp. 42-43.

13. Zinn, pp. 290-305.

14. Hawaii: Joseph Gerson, "The Sun Never Sets," in Joseph Gerson, ed., *The Sun Never Sets - Confronting the Network of Foreign U.S. Military Bases* (Boston: South End Press, 1991), pp. 6,10; Panama: T. Harry Williams, et al., *A History of the United States [Since 1865]*, 2nd edition (New York: Alfred A. Knopf, 1965), pp. 372-373.

15. David Cooney, *A Chronology of the U.S. Navy: 1775-1965* (New York: Franklin Watts, 1965), pp. 181-257.

16. Catherine Sunshine, *The Caribbean: Struggle, Survival and Sovereignty* (Boston: South End Press, 1985), p. 32.

17. George Black, *The Good Neighbor* (New York: Pantheon Books, 1988), pp. 31-58; Sunshine, pp. 28-34.

18. Taft cited in William Appleman Williams, *Americans in a Changing World: A History of the U.S. in a Changing World* (New York: Harper and Row, 1978), pp. 123-124.

19. Report cited in Westin, p. 226.

20. Sunshine, p. 83.

21. Butler cited in Joyce Brabner, "War Is a Racket," *Real War Stories, No. 2* (Forestville, CA: Eclipse, 1991).

22. Page cited in William Foster, *Outline Political History of the Americas* (New York: International Publishers, 1951), p. 362.

23. Foster, p. 360.

24. Butler cited in Brabner.

25. CFR/State Department policy statement cited in Lawrence Shoup and William Minter, *Imperial Brain Trust: The Council on Foreign Relations and U.S. Foreign Policy* (New York: Monthly Review, 1977), p. 130.

26. CFR memorandum cited in Shoup and Minter, p. 170.

27. *Hiroshima-Nagasaki: A Pictorial Record of the Atomic Destruction* (Tokyo: Hiroshima-Nagasaki Publishing Committee, 1978), p. 17.

28. Truman cited in Paul Boyer, *By the Bombs Early Light: American Thought and Culture at the Dawn of the Atomic Age* (New York: Pantheon, 1985).

29. The bombing was also intended to preempt Soviet involvement in the war against Japan: Zinn, pp. 413-415.

30. Welch cited in Victor Perlo, *Militarism and Industry: Arms Profiteering in the Missile Age* (New York: International Publishers, 1963), p. 144.

31. Gerson, p. 12.

32. Korea International War Crimes Tribunal, "Report on U.S. Crimes in Korea: 1945-2001," (Washington, D.C.: Korea Truth Commission Task Force, 2001), p. xi; *Encyclopedia Britannica*, 1967 ed., V. 13, p. 475; *Selected Manpower Statistics, Fiscal Year 1984* (Washington D.C.: Dept. of Defense, 1985), p. 111.

33. Sunshine, p. 142; Black, p. 118.

34. Noam Chomsky, "Patterns of Intervention," in Joseph Gerson, ed., *The Deadly Connection: Nuclear War and U.S. Intervention* (Philadelphia: New Society, 1986), p. 66; Zinn, p. 469; Sean Murphy et al, *No Fire, No Thunder: The Threat of Chemical and Biological Weapons* (New York: Monthly Review, 1984), pp. 22-24, 64, 78-79; Parenti, p. 44; *Selected Manpower Statistics*; Marilyn Young, *The Vietnam Wars: 1945-1990* (New York: Harper-Collins, 1991).

35. Robert Fisk, *Pity the Nation: Lebanon at War* (Oxford University Press, 1992); Sandra Mackey, *Lebanon: Death of a Nation* (New York: Congdon & Weed, 1989).

36. Black, p. 156.

37. Schultz cited in Black, p. 156.

38. Noam Chomsky, *The Culture of Terrorism* (Boston: South End Press, 1988), p. 29; Associated Press "Libyan Court Wants Americans Arrested for 1986 Bombing," March 22, 1999.

39. Noam Chomsky, *Fateful Triangle: The United States, Israel & The Palestinians* (Cambridge, MA: South End Press, 1999).

40. William Blum, *Killing Hope: U.S. Military and CIA Interventions Since World War II* (Monroe, ME: Common Courage Press, 1995).

41. Jack Nelson-Pallmeyer, *School of Assassins* (Maryknoll, NY: Orbis Books, 1999)

42. Charles Bergquist, et al., *Violence in Colombia: The Contemporary Crisis in Historical Perspective* (Wilmington, DE: Scholarly Resources, 1992); W. M. LeoGrande and K. Sharpe, A Plan, But No Clear Objective, *Washington Post*, April 1, 2001, p. B02; Mark Cook, Colombia, the Politics of Escalation, *Covert Action Quarterly*, Fall/Winter 1999, No. 68.

43. Peter Wyden, *Bay of Pigs: The Untold Story* (New York: Simon and Schuster, 1979).

44. Richard Leonard, *South Africa at War: White Power and the Crisis in Southern Africa* (Westport, CT: Lawrence Hill, 1983); Richard Bloomfield, ed., *Regional Conflict and U.S. Policy: Angola and Mozambique* (Algonac, MI: Reference Publications, 1988); Alex Vines, *RENAMO: Terrorism and Mozambique* (Bloomington, IN: Indiana University Press, 1991); Joseph Hanlon and James Currey, *Mozambique: Who Calls the Shots?* (London: Zed, 1991).

45. Reagan cited in Black, p. 170.

46. John K. Cooley, "*Unholy Wars: Afghanistan, America and International Terrorism*," (London: Pluto Press, 2000).

47. David Barsamian interviews Eqbal Ahmad, *The Progressive*, Nov. 1998.

48. NSC document cited in *New York Times*, Feb. 23, 1991.

49. Doug Ireland, "Press Clips," *Village Voice*, Nov. 13, 1990.

50. Tim Wheeler, "Reagan, Noriega and Citicorp," *People's Daily World*, Feb. 25, 1988, p. 14A.

51. Kenneth Sharpe and Joseph Treaster, "Cocaine Is Again Surging Out of Panama," *New York Times*, Aug. 13, 1991, p. A1.

52. Tom Wicker, "What Price Panama?," *New York Times*, June 15, 1990; Nathaniel Sheppard, Jr., "Year Later, Panama Still Aches," *Chicago Tribune*, Dec. 16, 1990, p. 1; Associated Press, "Ex-Senator Says U.S. Massacred Panamanians", *Chicago Tribune*, Nov. 15, 1990.

53. Unnamed advisor cited in *Time*, Aug. 20, 1990.

54. State Department statement cited in Joseph Gerson, et al., "The U.S. in the Middle East", *Deadly Connection*, p. 167.

55. Michael Tanzer, *The Energy Crisis: World Struggle for Power and Wealth* (New York: Monthly Review, 1974).

56. Kissinger cited in Hans von Sponek and Denis Halliday, "The Hostage Nation," *The Guardian*, Nov. 29, 2001.

57. Carter cited in Michael Klare, *Beyond the "Vietnam Syndrome:" U.S Intervention in the 1980s* (Washington, D.C.: Institute for Policy Studies, 1980), p. 30.

58. Clyde Farnsworth, "Military Exports to Iraq Under Scrutiny, Congressional Aides Say," *New York Times*, June 24, 1991; Michael Klare, "Behind Desert Storm: The New Military Paradigm," *Technology Review*, May-June 1991, p. 36; Philip Shenon,

"Declaration Lists Companies That Sold Chemicals to Iraq," *New York Times*, Dec. 21, 2002; Christopher Dickey and Evan Thomas, "How Saddam Happened," *Newsweek*, Sept. 23, 2002.

59. Philip Green, "Who Really Shot Down Flight 655," *The Nation*, Aug. 13-20, 1988, pp. 125-126.

60. Glaspie cited in Christopher Hitchins, "Real Politics in the Gulf: A Game Gone Tilt," in Micah Sifry and C. Cerf, eds., *Gulf War Reader: History, Documents, Opinions* (New York: Times Books / Random House, 1991), pp. 116-117.

61. Hitchins; Bush cited in *Newsweek*, Jan. 7, 1991, p.19.

62. Michael Klare, "High Death Weapons of the Gulf War," *The Nation*, June 3, 1991; Malcolm Browne, "Allies Are Said to Choose Napalm for Strikes on Iraqi Fortifications," *New York Times*, Feb. 23, 1991; John Donnelly, "Iraqi cancers offer clues to Gulf War Syndrome: Uranium residue a prime suspect," *Miami Herald*, April 6, 1998

63. Mark Fireman, "Eyewitnesses Report Misery, Devastation in the Cities of Iraq," *Seattle Times*, Feb. 5, 1991; George Esper, "500 Die in Bombed Shelter in Baghdad," *Chicago Sun Times*, Feb. 13, 1991; David Evans, "Study: Hyperwar Devastated Iraq," *Chicago Tribune*, May 29, 1991.

64. "War Summary: Closing the Gate," *New York Times*, Feb. 28, 1991, p. A6; Associated Press, "Army Tanks Buried Iraqi Soldiers Alive," *Greeley Tribune*, Sept. 12, 1991.

65. Bush cited in Robert Borosage, "How Bush kept the guns from turning into butter," *Rolling Stone*, Feb. 21, 1991, p. 20.

66. Ramsey Clark, *The Fire This Time: U.S. War Crimes in the Gulf* (New York: International Action Center, 2002) pp. 64-64, 209; Thomas J. Nagy, "The Secret Behind the Sanctions: How the U.S. Intentionally Destroyed Iraq's Water Supply," *The Progressive*, Sept. 2001.

67. John Pilger, "Collateral Damage," in Anthony Arnove, ed., *Iraq Under Siege: The Deadly Impact of Sanctions and War* (Cambridge, MA: South End Press, 2000) pp. 59-66.

68. Thomas Hayes, "Oil's Inconvenient Bonanza," *New York Times*, Jan. 27, 1991, p. F4.

69. Tanzer.

70. National Coalition to Stop U.S. Intervention in the Middle East, *Stop the War*, 1991.

71. R. Barnet and J. Cavanagh, "Unequally Sharing the Costs and Dividends of War," *The Real Costs of War* (Washington, D.C.: Institute for Policy Studies, May 1991), p. 3.

72. Colman McCarthy, "U.S. First in Exports to Killing Fields," *Washington Post*, Sept.

10, 1991, p. C12; Clyde Farnsworth, "White House Seeks to Renew Credits for Arms Exports," *New York Times*, March 18, 1991, p. A1.

73. Baker cited in William Hartung, "Relighting the Mideast Fuse," *New York Times*, Sept. 20, 1991.

74. Hartung.

75. Noam Chomsky, *A New Generation Draws the Line: Kosovo, East Timor and the Standards of the West* (London: Verso), p. 11.

76. Nick Wood, "U.S. 'Covered Up' for Kosovo Ally," *The London Observer*, September 10, 2000; Norman Kempster, "Crisis in Yugoslavia, Rebel Force May Prove to be a Difficult Ally," *Los Angeles Times*, April 1, 1999. Ultimatum: Diana Johnstone, "Hawks and Eagles: 'Greater NATO' Flies to the Aid of 'Greater Albania'," *Covert Action Quarterly*, Spring/Summer, 1999, No. 67, p. 6-12.

77. Noam Chomsky, *The New Military Humanism: Lessons from Kosovo* (Monroe, ME: Common Courage Press, 1999).

78. Bin Laden cited in *Wall Street Journal*, 2001-10-7.

79. Bush cited in "The President's Words," *The Los Angeles Times*, Sept. 22, 2001.

80. One investigator has estimated that U.S. bombs killed between 3100 and 3600 Afghan civilians and thousands more died because bombing cut off relief supplies. Marc Herold, "U.S. bombing and Afghan civilian deaths: The official neglect of unworthy bodies," *International Journal of Urban and Regional Research*, Sept. 2002, pp. 626-634. Also see: http://pubpages.unh.edu/~mwherold.

81. Bosch cited in Alexander Cockburn, "The Tribulations of Joe Doherty," *Wall Street Journal*, reprinted in the *Congressional Record*, August 3, 1990, p. E2639.

82. Cockburn; John Rice, "Man with CIA Links Accused of Plotting to Kill Castro," Associated Press, Nov. 18, 2000; Frances Robles and Glenn Garvin, "Four Held in Plot Against Castro," *Miami Herald*, Nov. 19, 2000; Jill Mullin, "The Burden of a Violent History," *Miami New Times*, April 20, 2000.

83. Joe Conason, "The Bush Pardons," http://archive. salon.com/news/col/cona/2001/02/27/pardons/

84. Bosch cited in Cockburn.

85. William Blum, *Killing Hope: U.S. Military and CIA Interventions Since World War II* (Monroe, ME: Common Courage Press, 1995).

86. For updated information on post-9-11 restrictions on civil liberties see the American Civil Liberties Union's website: www.aclu.org/safeandfree

87. Joshua Cohen, "An Interview with Ted Postol: What's Wrong with Missile Defense," *Boston Review*, Oct./Nov. 2001; David Sanger, "Washington's New Freedom and New Worries in the Post-ABM-Treaty Era," *New York Times*, Dec. 15, 2001.

88. For updated information on U.S. nuclear weapons policies see the Physicians for Social Responsibility website: http://www.psr.org/.

89. R. Jeffrey Smith, "U.S. Urged to Cut 50% of A-Arms: Soviet Breakup Is Said to Allow Radical Shift in Strategic Targeting," *Washington Post*, Jan. 6, 1991, p. A1. Also see: Michael Gordon, "U.S. Nuclear Plan Sees New Weapons and New Targets," *New York Times*, March 10, 2002.

90. Judith Miller, "U.S. Seeks Changes in Germ War Pact," *New York Times*, Nov. 1, 2001; William Broad and Judith Miller, "U.S. Recently Produced Anthrax in a Highly Lethal Powder Form," *New York Times*, Dec. 13, 2001.

91. William Broad and Judith Miller, "Germs: Biological Weapons and Americas Secret War," (New York: Simon & Schuster, 2001); William Blum.

92. For updated information on U.S. and world military spending, see the Center for Defense Information website: http://www.cdi.org.

93. Center for Defense Information, *2001-2002 Military Almanac*, p. 35; http://www.cdi.org.

94. Center for Defense Information, http://www.cdi.org/issues/milspend.html

95. Michael Renner, *National Security: The Economic and Environmental Dimensions* (Washington, D.C.: World Watch Institute, 1989), p. 23.

96. The War Resisters Leagues annual analysis of total U.S. military expenditures can be found at: http://www.warresisters.org/piechart.htm.

97. The War Resisters League estimates that about 46% of federal tax revenues are used for military expenses (ibid.). Total 2000 Federal individual income tax revenues ($1,004,500,000,000) multiplied by 46%, divided by 104,705,000 households = $4,413 (http://www.census.gov/prod/2002pubs/01statab/fedgov.pdf, pp. 21 and 305).

98. Timothy Saasta, et al., *Americas Third Deficit: Too Little Investment in People and Infrastructure* (Washington, D.C.: Center for Community Change, 1991).

99. *Fact Sheet No. 3* (Boston: Jobs With Peace Campaign, 1990).

100. Saasta; Institute for Policy Studies, *Harvest of Shame: Ten Years of Conservative Misrule* (Washington, D.C.: Institute for Policy Studies, 1991), p. 11; Jane Midgley, *The Womens Budget, 3rd Edition* (Philadelphia: Womens International League for Peace and Freedom, 1989) p. 19.

101. Saasta; Midgley, p. 19.

102. Institute for Policy Studies, p. 11.

103. Midgley, p. 16; Pam Belluck, "New Wave of the Homeless Floods Cities Shelters," *New York Times*, Dec. 18, 2001.

104. James Dao, "War Mutes Critics of Costly Carrier Groups," *New York Times*, November 11, 2001.

105. Prenatal care costs $625 per mother: *Background Material and Data on Programs within the Jurisdiction of the Committee on Ways and Means* (Washington D.C.: U.S. Congress, 1990).

106. The Head Start program costs $2,600 per student annually: *Background Material.*

107. Private clinics charge about $3,000 per year for intensive outpatient drug or alcohol treatment: Survey by author.

108. Citizens Budget Campaign, *It's Our Budget, It's Our Future* (Washington D.C., Citizens Budget Campaign).

109. Dao, "War Mutes Critics of Costly Carrier Groups."

110. Keith Schneider, "Military Has New Strategic Goal in Cleanup of Vast Toxic Waste," *New York Times*, Aug. 15, 1991, p. A1; Matthew Wald, "U.S. Sharply Increases Cost Estimates for Cleaning Up Weapons Plants," *New York Times*, Sept. 6, 1991; H. Jack Geiger, "Generations of Poisons and Lies," *New York Times*, Aug. 5, 1990; INFACT, *Bringing GE to Light* (Philadelphia: New Society Publishers, 1990) pp. 117-121.

111. Greg Baisden and S. Destefano, "Pool of Tears," *Real War Stories, No. 2* (Forestville, CA: Eclipse, 1991), pp. 1-3.

112. Matthew Wald, "Study Says U.S. Chose Riskier Atomic Test Site," *New York Times*, May 17, 1991.

113. Schneider.

114. *Selected Manpower Statistics*, p. 111.

115. Walter Capps, *The Unfinished War: Vietnam and the American Conscience* (Boston: Beacon: 1990), p. 1.

116. The U.S. Government estimated 150,000 to 250,000 veterans are homeless on any given night. Jason Deparle, "Aid for Homeless Focuses on Veterans," *New York Times*, Nov. 11, 1991, p. A7.

117. *Worldwide U.S. Active-Duty Personnel Casualties* (Washington, D.C.: Dept. of Defense, 1987), p. 5.

118. Parenti, p. 79.

119. Cotto cited in interview by Pete Hamill, *New York Post*, Feb. 2, 1991, pp. 2-3.

120. For updated information on U.S. military contracts, see the Center for Defense Informations website: www.cdi.org

121. Robert Higgs, ed., *Arms, Politics and the Economy* (New York: Holmes & Meier, 1980), Preface, p. xiii.

122. Robert Bryce, "The Candidate from Brown & Root," *The Austin Chronicle*, Aug. 25, 2000.

123. Michael Carney, "It's a Gusher: Cheney's Retirement Deal Nets Him Millions," *Daily News*, Aug. 17, 2000.

124. Jon Wiener, "Hard to Muzzle: The Return of Lynne Cheney," *The Nation*, Oct. 2, 2000.

125. Wilson cited in INFACT, p. 97.

126. INFACT, pp. 11, 17, 28, 47-49, 107-110, 118.

127. Benjamin Compaine, et al., *Who Owns the Media* (White Plains, NY: Knowledge Industry, 1979), pp. 80, 84, 97.

128. Hass cited in Walter Goodman, "How Bad Is War? Depends on the Images," *New York Times*, Nov. 5, 1991, p. B3.

129. Grossman cited in Allan Nairn, "When Casualties Don't Count," *The Progressive*, May 1991, p. 19.

130. For lists of corporate board members see: *S & P 500 Directory* (New York: Standard and Poors Corporation, annual).

131. Twain cited in Philip Foner, *Mark Twain: Social Critic* (New York: International, 1958), p. 260.

132. Zinn, p. 481.

133. *450 Years of Chicano History* (Albuquerque: Chicano Communications Center, 1976), pp. 160-163.

134. Zinn, p. 477.

135. David Cortright, *Soldiers In Revolt: The American Military Today* (Garden City; NJ: Anchor Press/Doubleday, 1975), pp. 5-8; Zinn p. 476.

136. Heinl cited in Thomas Boettcher, *Vietnam: The Valor and the Sorrow* (New York: Crown, 1985), p. 399.

137. Cortright, pp. 1-32, 51-136; Zinn, p. 486.

138. Johnson cited in R. Barnet, *The Rockets Red Glare: When America Goes to War* (NY: Simon & Schuster, 1990), p. 346.

139. Bush cited in *Newsweek*, March 11, 1991, p. 30.

140. Bush cited in Elizabeth Busmiller, "Bush Says War May Go Beyond Afghan Border," *New York Times*, Nov. 22, 2001.

141. Bush cited in "Bush Foresees a War Longer Than Two Years," *International Herald Tribune*, October18, 2001.

142. Cheney cited in Bob Woodward, "CIA Told to do 'Whatever Necessary' to Kill bin Laden," *Washington Post*, Oct. 21, 2001.

143. Cheney cited in David E. Sanger, "Taking on Another War, Against Mixed Messages," *New York Times*, Sept. 4, 2001.

144. Cheney cited in *Washington Post*, Oct. 21, 2001.

145. Bush cited in "Bush Foresees a War Longer Than Two Years."

주한미군범죄근절운동본부 : http://usacrime.or.kr
미군이 주둔하면서 발생하는 각종 범죄와 폐해를 조사하여 근절 대책을 마련하고, 한미행정
협정 등 불평등한 한미간의 제도를 개선하여 이땅에 진정한 인권과 평화,민족자주가 확립될
수 있도록 합니다.

평화를만드는여성회 : http://wmp.jinbo.net
여성의 힘을 모아 한반도의 통일과 평화를 실현하고, 나아가 아시아와 전세계의 평화를 만들
어가기 위한 여성평화운동단체입니다

평화인권연대 : http://peace.jinbo.net
폭력을 양산해내는 사회적 메커니즘에 반대하는 운동, 사회적 이데올로기에 반대하는 운동,
그리하여 참다운 인간의 권리를 추구하는 곳입니다.

(사)좋은벗들 : http://www.jungto.org/gf
민족의 화해와 평화적 통일을 위한 선결과제인 북한 식량난과 식량난민문제 해결을 출발점
으로 동남아시아를 비롯한 제3세계의 난민구호사업과 인류가 안고 있는 분쟁과 갈등의 문제
를 근원적으로 해결하기 위한 평화운동, 그리고 인간의 권리가 침해되고 있는 현장을 찾아
인권운동을 전개합니다.

남북어린이어깨동무 : http://okedongmu.or.kr
통일 1세대인 남과 북의 어린이들이 열린 마음으로 대화와 만남을 연습함으로써 밝은 통일
시대를 열 수 있도록 지원하는 민간단체입니다.

국제민주연대 : http://www.khis.or.kr
인종, 사상, 종교, 민족을 뛰어넘어 모든 사람들이 인간으로서의 소중한 권리를 존중받고 평
화를 누릴 수 있는 세상을 만들기 위해 창립된 순수 민간운동단체입니다.

(사)통일맞이 문익환목사 기념사업회 : http://www.moon.or.kr
통일을 준비할 새 정신과 새 문화를 일구어 나가고, 남북간의 화해와 평화정착이라는 취지로
결성된 단체로, 그동안 통일기행, 통일관련 연구사업, 통일학교 등을 개최하며 이러한 취지
에 걸맞은 활동을 펼치고자 꾸준히 노력하고 있습니다.

전쟁중독

지은이 | 조엘 안드레아스
옮긴이 | 평화네트워크

펴낸이 | 전형배
펴낸곳 | 도서출판 창해
출판등록 | 제9-281호(1993년 11월 17일)

초판 1쇄 인쇄 | 2003년 2월 24일
초판 4쇄 발행 | 2008년 5월 9일

주소 | 121-846 서울시 마포구 성산1동 209-5(진영빌딩 6층)
전화 | (02) 333-5678 (代)
팩시밀리 | (02) 322-3333
홈페이지 | www.changhae.net
E-mail | chpco@chol.com
* CHPCO는 Changhae Publishing Co.를 뜻합니다.

ISBN 978-89-7919-427-2 03300

값 6,500원